Gräber gestalten

blvgartenplus

CHRISTIANE JAMES

Gräber gestalten

Anlegen, Bepflanzen, Pflegen
Pflanzbeispiele für das ganze Jahr

blv

Inhalt

BERTI
WOLKER
1920 1980

Der Friedhof – ein Ort nur für Tote?

Das Grab ist der zentrale Ort der Trauer. Hier ist der Platz, um an einen geliebten Menschen zu denken, hier ist die Stelle, an der die Trauernden Sorgen und Nöte mit dem Verstorbenen besprechen können.

Menschen brauchen nicht nur einen Ort für die Trauer – wir brauchen auch bestimmte Rituale, um Trauer überhaupt empfinden zu können. Die Totenwache am Sarg gehört ebenso dazu wie das Tragen von Trauerkleidung, die Beisetzung oder die Pflege eines Grabes. In unserer schnellen und lauten Zeit wird die Trauer gern in den Hintergrund gedrängt. Menschen von heute müssen immer »gut drauf« und »fit« sein – für eine intensive Trauer, nach der unsere Seelen oft verlangen, ist da selten Platz. Deshalb kommt dem Friedhof und den Gräbern eine immer wichtigere Bedeutung zu.

◀ Zu den Ritualen der Trauer gehören gepflegte Gräber. Friedhöfe sind Orte für die Lebenden, die bei der Pflege der Gräber aktiv um die Toten trauern können.

Trauer erleben und verarbeiten

Friedhöfe sind heute selbst in großen Städten Refugien der Stille und Gelassenheit. Hier haben nicht nur die Toten und die Trauernden ihren Platz. Hier ist in den Betonwüsten noch Platz für Jahreszeiten, für wilde Pflanzen und Tiere. Die großen innerstädtischen Friedhöfe leisten zudem als »Grüne Lungen« einen wichtigen Beitrag zur Klimatisierung der Städte. Für Trauernde bieten Friedhöfe mit ihrer Stille und der Gelassenheit der Natur Platz zum Nachdenken, Kraft tanken und Erinnern. Ursprünglicher Sinn eines Grabes ist die Erinnerung an einen bestimmten Menschen. Auf einem Friedhof können alle Freunde und Bekannte das Grab besuchen – wenn man sich nicht für ein namenloses Grab entschieden hat, dessen Platz in keiner Weise gekennzeichnet ist. Namenlose Beisetzungen, auch als »anonyme Bestattung« bezeichnet, wollen deshalb gut überlegt sein. Friedhofsverwaltungen berichten immer wieder von fast unlösbaren Problemen der Trauernden mit namenlosen Bestattungen – weil hier der Ort für die individuelle Trauer fehlt, kommt es häufig zu aufwändigen Umbettungen.

Auch ein kleines Grab ist ein würdiges Andenken, wenn es mit Bedacht gestaltet ist und gepflegt wird.

Der Tod ist das vielleicht letzte Tabu in unserer Gesellschaft. Wir alle haben Familien und Freunde, die eines Tages sterben werden. Und beim Pflegen ihrer Gräber haben wir die Chance, Trauer zu erleben und zu verarbeiten – Friedhöfe und Gräber sind deshalb vor allem für die Lebenden da, auch wenn wir sie gern als Platz für die Toten sehen und deshalb lieber einen großen Bogen um die Gottesäcker machen würden.

Riten gestern und heute

Die alten Metallkreuze zeugen davon, wie viel Aufwand und Liebe zum Deta l seit Alters her auf die Gestaltung von Grabze chen verwendet wird.

Wie bewusst und nah die Menschen noch im ausgehenden 19. Jahrhundert mit dem Tod umgingen, zeigen regionale Besonderheiten rund um Trauer und Bestattung. In ländlichen Regionen war es zum Beispiel lange Zeit üblich, dass Frauen ihren eigenen Sarg als Teil der Aussteuer mit in ihr neues Zuhause brachten. Damals war es üblich, seinen eigenen Sarg auf dem Dachboden zu lagern – immer in dem Bewusstsein, dass auch für die letzte Ruhestätte gesorgt war, wenn die Zeit kam. Heute kommt uns dieser Brauch eigenwillig vor – doch das Aufbewahren einer gefüllten Urne im häuslichen Wohnzimmer, wie in letzter Zeit immer wieder gefordert, scheint mindestens so eigenwillig zu sein. Landauf landab haben sich ganz unterschiedliche Sitten und Gebräuche rund um den Tod erhalten, die immer wieder zeigen, wie wichtig auch die Trauer für die Gemeinschaft der Mitmenschen ist. Am Niederrhein kennen die Menschen zum Beispiel bis heute den so genannten »Lieken-Nachbar«. Dieser Nachbar ist für das Tragen des Sarges verantwortlich, wenn sein Nebenbewohner stirbt. »Lieken-Nachbar« zu sein ist eine Ehre.

Ein anderer Brauch, der bis heute Bestand hat, ist das Verhängen von Spiegeln im Trauerhaus. Ist ein Mensch gestorben, öffnen viele Menschen das Fenster im Sterbezimmer weit. Die Seele des Verstorbenen, so der Sinn dieser Bräuche, soll die Möglichkeit erhalten, ungehindert den Raum zu verlassen und gen Himmel zu steigen. Früher schloss sich daran die Aufbahrung des Toten und das Abschiednehmen an – doch heute finden Aufbahrungen, wenn überhaupt, nur noch in entsprechenden Kapellen und Räumen statt.

Die Sitten und Gebräuche rund um den Tod haben sich in den letzten Jahren stark gewandelt, immer mehr Menschen haben große Berührungsängste und überlassen den Umgang mit den Toten lieber Spezialisten wie Bestattern, den Kirchen und den Friedhofsgärtnern.

Große Beerdigungen, die früher selbstverständlich waren, sind heute fast schon die Ausnahme. Nach Trauerfeier und Beisetzung gehörte das anschließende gemeinsame Kaffe trinken der Trauergäste einfach mit dazu – heute zerstreut sich die kleine Gesellschaft schnell wieder in alle Winde.

Parkfriedhöfe mit ihren alten Baumbeständen bilden heute Refugien der Ruhe für die Menschen. Gleichzeitig sind sie Lebensraum für viele Tiere.

Die Friedhofsarten

Zu den schönsten Friedhöfen gehören die alten **Parkfriedhöfe** in den großen Städten. Große Baumbestände prägen sie ebenso wie alte Grabmale. Dem aufmerksamen Besucher erzählen diese Friedhöfe beim Spaziergang manch eine Geschichte über die Stadt und die Menschen, die darin gelebt haben und noch leben. Extrem große Parkfriedhöfe werden jedoch besonders von älteren Menschen nur ungern besucht – die Orientierung fällt bei der Größe oft schwer und die Wege zu den einzelnen Gräbern können sehr weit sein.

Waldfriedhöfe sind eine weitere attraktive Friedhofsart. Oft liegen sie jedoch am Rande oder außerhalb von Ortschaften. Der dichte, fast waldartige Baumbestand sorgt auf diesen Friedhöfen für eine besondere Atmosphäre. Er führt jedoch oft zu Problemen bei der Grabbepflanzung und Pflege, weil für viele Pflanzen das Licht fehlt.

Orts- und Stadtteilfriedhöfe sind in der Regel kleinere Anlagen, die den Bewohnern aus der näheren Umgebung dienen sollen. Gerade die kleinen Friedhöfe erfüllen noch eine wichtige soziale Funktion: Hier treffen sich Trauernde bei der Grabpflege, hier kennen sich die Menschen noch und haben persönlichen Kontakt zu einander. Auch die von den Kirchen verwalteten Friedhöfe sind heute in aller Regel nicht mehr an eine bestimmte Konfession gebunden. Anders sieht das bei den **Jüdischen Friedhöfen** und den Sonderfeldern für Muslime aus. Die Juden kennen für ihre Toten das ewige Ruherecht – anders als im christlichen Glauben bleiben hier die Gräber immer erhalten. Jüdische Friedhöfe mit ihren alten Grabzeichen haben eine besondere Atmosphäre

Das ewige Ruherecht kennzeichnet die jüdischen Friedhöfe mit den alten vermoosten Grabsteinen.

und sind deshalb einen Besuch wert. Immer mehr Friedhöfe bieten **Sonderfelder für Muslime** an. Auch hier ist ein näherer Blick interessant: Eigentlich kennen die Muslime keine Grabpflege, doch mittlerweile haben sich viele der Einwanderer so in Deutschland eingewöhnt, dass sie auch Grabpflege betreiben. Besonders eindrucksvolle Mahn- und Denkmale finden sich auf speziellen **Friedhöfen mit Kriegsgräbern** und Gedenkstätten für die Opfer von Gewalttaten. Nach den Kriegen im 20. Jahrhundert sind zahlreiche Stätten dieser Art entstanden. Mit der Menge der gleichförmigen Gräber und imposanten Denkmälern mit unendlich vielen Namen sind diese Anlagen Zeugnisse sehr großen Leids – gleichzeitig sind sie ein gepflegter Teil unserer Geschichte und die Ermahnung an einen friedlichen Weg der Völker miteinander. Eine Sonderform der Friedhöfe sind die Anlagen für die Bestattung von **Haustieren,** die sich nicht nur am Rande der Großstädte zunehmender Beliebtheit erfreuen. Christliche Symbole wie zum Beispiel das Kreuz sind auf Tierfriedhöfen nicht zugelassen. Die Gräber von Hund und Katze sind oft jedoch gepflegter als die Ruhestätten von Menschen.

Wahlgräber bieten genug Platz für die Gestaltung. Darüber hinaus können die Angehörigen das Nutzungsrecht für diese Gräber verlängern lassen.

Die Grabarten

Vier Grabarten lassen sich grundsätzlich unterscheiden. Zwischenformen und Varianten sind heute in vielen Fällen möglich und werden häufig unter verschiedenen Begriffen angeboten. Anbieter der Gräber sind die Verwaltungen der Friedhöfe, die entweder zur jeweiligen Stadt oder Gemeinde gehören oder zu einer Kirche.

Das Wahlgrab

Das traditionelle Familiengrab ist ein Wahlgrab. Bevor ein Wahlgrab zum ersten Mal belegt wird, können sich die Angehörigen den Platz für das Grab an verschiedenen Stellen auf dem Friedhof aussuchen – man kann wählen, daher die Bezeichnung »Wahlgrab«. Häufig finden sich Wahlgräber an prominenten Stellen wie den großen Wegen oder in der Nähe der Eingangsbereiche. Mit dem Wahlgrab, das für mehrere Beerdigungen Platz bieten kann, ist die Möglichkeit verbunden, das Nutzungsrecht immer wieder zu verlängern. Auf dem Lande sind heute noch viele Wahlgräber zu sehen, die schon seit Generationen von einer Familie genutzt werden. In den anonymeren großen Städten verliert sich diese Tradition leider immer mehr. Wahlgräber, die es auch als einstellige Gräber für eine Bestattung gibt, bieten bei der Gestaltung viele Möglichkeiten. Oft ist es für die Angehörigen einfacher, eine größere Fläche zu gestalten, als zum Beispiel die kleinere eines Reihengrabes.

Reihengräber werden oft als bepflanzte Hügel angelegt. Die Beerdigungen finden auf einem Feld der Reihe nach statt, Wahlrecht für einen Platz gibt es dabei nicht.

Das Reihengrab

Diese Grabform bietet die Möglichkeit, die Nutzungsdauer zu verlängern, nicht. Auf einem Feld des entsprechenden Friedhofs werden Reihengräber nacheinander in einer Reihe angelegt – daher kommt der Begriff »Reihengrab«. Einen Einfluss auf die Platzierung haben die Angehörigen nicht. Ist die Nutzungsdauer des Feldes abgelaufen, werden alle Gräber eingeebnet. Reihengräber werden nach der Bestattung mit einem Grabhügel aus Erde versehen, der später bepflanzt werden kann. Eine Sonderform des Reihengrabes sind »Efeuhügel«, die man heute oft auf alten Friedhöfen findet. Der gesamte Grabhügel ist mit Efeu bepflanzt, der sich wie eine dichte immergrüne Decke über dem Grab ausbreitet.

Das Urnengrab

Urnengräber sind die kleinsten Ruhestätten auf den Friedhöfen. Angeboten werden in der Regel Urnenreihengräber oder Urnenwahlgräber. Aus gestalterischer Sicht sind Urnengräber am schwierigsten zu handhaben –

Urnenwahlgräber mit kompletter Bepflanzung bilden in diesem schönen Rahmen würdige Ruhestätten, die die Angehörigen gern besuchen und pflegen.

Bei dieser Urnengemeinschaftsanlage hat jedes Grab einen individuellen Stein, die Bepflanzung ist jedoch einheitlich – so entsteht das gewünschte harmonische Bild.

um auf einer Fläche von rund 1,5m² eine harmonische und pflegeleichte Komposition zu erhalten, müssen sich die Angehörigen besonders viele Gedanken machen.

Gemeinschaftsgräber

Die Gemeinschaftsgräber sind die vierte Grabform. Eine dieser Formen ist das **Kolumbarium** oder die **Urnenmauer.** Vor allem in Süddeutschland ist diese Variante zu finden, in der Urnen in kleinen Nischen beigesetzt werden. Eine Platte mit Namen und Lebensdaten vervollständigt dieses Angebot. Ein Nachteil der Kolumbarien ist, dass hier keine individuelle Dekoration des Grabes möglich ist. Oft ist nicht einmal genügend Platz für einen Blumengruß am Grab vorhanden. Den bieten **Urnen-Gemeinschaftsgräber** mit individuellem Stein und einer gemeinsamen Bepflanzung, wie sie jetzt häufig auf Friedhöfen angeboten werden. Hier ist noch Platz für ein individuelles Gedenken. Oft werden diese Gräber mit einem Pflegevertrag verkauft, der für die gesamte Ruhezeit gilt.

Gemeinschaftsgräber werden meist wie Reihengräber behandelt, eine Verlängerung der Ruhezeit ist oft nicht möglich.

Die namenlose oder **»anonyme Beisetzung«** gehört ebenfalls zu den Gemeinschaftsgräbern. Auf einer Rasenfläche oder Wiese werden Urnen in Abwesenheit der Trauernden beigesetzt. Individueller Schmuck oder ein eigener Grabstein sind nicht möglich. Vielen Angehörigen fehlt bei dieser Variante der Beisetzung der Ort, um zu trauern, da der genaue Ort der Beisetzung nicht bekannt ist.
Zu den Sonderformen, die typisch für bestimmte Regionen sind, gehört das **Rasengrab.** Die Gräber liegen in einer Rasenfläche und sind durch Grabplatten mit Namen und Lebensdaten gekennzeichnet. Diese Variante ist aus Skandinavien in den Norden Deutschlands eingewandert.
Ebenfalls im Norden verbreitet ist die **Seebestattung,** bei der die Urne dem Meer übergeben wird. Die Seebestattung stammt aus der Tradition der Seefahrer, die ihre Toten während einer Reise schon aus hygienischen Gründen schnell bestatten mussten.

Trauer braucht Platz in Form eines Grabes

Um sich bei der heute großen Auswahl der Grabarten für die

richtige zu entscheiden, braucht man Zeit. Doch oft fehlt diese Zeit in der ersten Trauer beim Tod eines geliebten Menschen. Auch wenn wir es nicht gerne tun: Wer sich bereits zu Lebzeiten mit seiner Bestattung und seinem Grab beschäftigt hat, kann verhindern, dass nach seinem Tod Varianten gewählt werden, mit denen die Angehörigen Probleme bekommen.

Das Grabzeichen

Mittelpunkt des Grabes ist das Grabzeichen. Mit Namen und Lebensdaten sowie mit einer Gestaltung, die Bezug auf die Person nimmt, wird es zum Denkmal. Stein, Metall und Holz sind die Materialien für das Grabzeichen. Die Verwendung von Glas und Kunststoff ist in Deutschland in aller Regel nicht erlaubt.
Neben Farbe und Form können Zeichen den persönlichen Bezug bilden. Zu den bekanntesten gehören der Anker für Seeleute oder der Äskulapstab für Ärzte. Zeichen mit religiösen Bezug sind natürlich das Kreuz, der Palmwedel oder ein Engel. In Süddeutschland sieht man bis heute Grabzeichen mit Bildern von den Verstorbenen, im Norden ist diese Sitte so gut wie nicht verbreitet.
Ganz gleich, ob das Grabzeichen aus Stein, Holz oder Metall besteht, man darf und soll ihm sein Alter ansehen. Eine Patina aus Flechten auf einem Stein drückt ebenso das Vergehen des menschlichen Lebens in der Natur aus wie Moose auf einem Holzkreuz oder Rost an einem Zeichen aus Metall. Glatt polierte Steine verändern sich praktisch nicht – sie sind jedoch wesentlich aufwändiger zu pflegen als handwerklich bearbeitete Grabzeichen.

Grabmale aus Stein

Vor allem bei Grabzeichen aus Stein ist die Auswahl bei Farben und Formen groß. Sie reicht vom aufwändigen Marmorblock bis hin zum einfachen Feldstein, der sich in Norddeutschland großer Beliebtheit erfreut. Je kleiner das Grab ist, für das das Zeichen gedacht ist, desto schwieriger ist auch seine Gestaltung. Grelle und harte Farben und Töne wie tiefes Schwarz oder reines Weiß machen dem Gestalter die Arbeit sehr schwer. Das Grabzeichen sollte erst dann ausgewählt werden, wenn das Grab bekannt ist. Nach der Besichtigung der Zeichen beim Steinmetzen oder Steinbildhauer sollten der Fachmann und die Angehörigen das Grab vor Ort anschauen, um Grab und Zeichen aufeinander abzustimmen. Da das Grabzeichen die Vorgabe für die pflanzliche Gestaltung ist, macht es Sinn, in diesem Stadium bereits einen

Ein gutes Grabzeichen zeichnet sich durch eine handwerkliche Bearbeitung aus. Entgegen der landläufigen Meinung kostet so ein von einem Fachmann angefertigtes oder bearbeitetes Grabzeichen nicht mehr als die immer häufiger verwendeten industriell gefertigten Steine.

Das Kreuz gehört zu den klassischen Formen bei den Grabzeichen auf christlich geprägten Gräbern und Friedhöfen.

Die Kombination aus Stein und Metall am Grabzeichen bietet viele Möglichkeiten für die Gestaltung.

Platten oder Kissen werden oft für Urnengräber verwendet. Hier ist die Gestaltung dazu gut gelungen.

Friedhofsgärtner als Berater mit einzubeziehen, wenn die Angehörigen das Grab nicht selbst gestalten wollen.

Das in Deutschland gängigste Grabzeichen ist der **Breitwandstein.** Bei Wahlgräbern nehmen herkömmliche Steine dieser Art die gesamte Breite des Grabes ein – und bereiten aus gestalterischer Sicht Schwierigkeiten. Hier bildet das Grabzeichen den Abschluss des Grabes, eine harmonische Einbindung in die angrenzende Bepflanzung ist nur sehr schwer zu erreichen. Einfacher gelingt das mit Steinen, die nur ungefähr die Hälfte der Breite des Grabes einnehmen. Schwarz ist als Farbe vor allem auf dem Lande sehr beliebt, bereitet bei der Gestaltung jedoch ebenfalls Probleme, weil es keine Pflanzen mit schwarzem Laub oder mit schwarzen Blüten gibt. Liegt ein Grab mit einem so dunklen Stein dann noch an einem schattigen Platz, scheint es förmlich im Dunkel zu versinken.

Stelen sind schlanke, aufrechte Grabzeichen. Sie stellen den Gestalter vor weniger Probleme, lassen sich einfach in die Bepflanzung integrieren und bieten aufgrund ihrer Höhe trotzdem genügend Platz für Namen, Lebensdaten und Symbole mit persönlichem Bezug. Für Urnengräber gibt es Stelen in einem entsprechend kleineren Format.

Die dritte Variante der Grabzeichen sind die **Platten** und **Kissen.** Diese Zeichen liegen auf dem

Moderne Variante der klassischen Stele, die für ein einstelliges Wahlgrab oder ein Reihengrab geeignet ist.

Scharfe Putzmittel machen bei der Reinigung von Grabsteinen wenig Sinn, auch die speziell angebotenen Spezialreiniger sind fragwürdig. Ist der Stein stark vermoost, kann er einmal im Jahr mit einer scharfen Bürste und Wasser gereinigt werden. Natursteine mit rauer, handwerklich bearbeiteter Oberfläche kommen erst mit einer gewissen Patina richtig zur Geltung.

Grab und sind oft an einer Seite leicht erhöht, damit man die Beschriftung besser lesen. Aus gestalterischer Sicht sind Platten und Kissen eine ebenso harte Nuss wie die Breitwandsteine. Da Platte und Kissen auf dem Grab liegen, muss sich vor allem die Höhe der Bepflanzung stark an diese Zeichen anpassen. Sinn des Grabzeichens ist es schließlich, an den Verstorbenen zu erinnern und nicht, von Pflanzen überwachsen zu werden.

Vor allem im Süden Deutschlands sind **Steinplatten** beliebt, die das gesamte Grab abdecken. Angehörige, die sich für diese Variante entscheiden, führen die leichte Pflege als Grund für ihre Auswahl an. Doch der wöchentliche Gang auf den Friedhof bleibt ihnen nicht erspart: Abdeckplatten bieten nur dann ein angemessen würdevolles Bild, wenn sie regelmäßig gereinigt werden. In heißen Sommern speichern die Steinplatten zudem so viel Wärme, dass praktisch jede Pflanze auf ihnen binnen weniger Tage den Hitzetod stirbt.

Grabeinfassungen

Die Satzungen einiger Friedhöfe schreiben eine Einfassung des Grabes vor. Hier spiegelt sich auch der Wunsch von Angehörigen, das Grab von den anderen abzugrenzen. Von dem eigentlichen Gedanken des Friedhofs, auf dem alle Toten möglichst gleich sein sollen, entfernt man sich so immer weiter. Bei der Gestaltung stören breite Einfassungen zudem sehr. Wenn Einfassungen vorgeschrieben sind, dann sollte man eine möglichst schmale wählen.

Die Flächenaufteilung

Gräber sind mit ihren relativ kleinen Flächen schwieriger zu gestalten als zum Beispiel ein Garten. Je kleiner der Raum ist, desto sorgfältiger muss die Pflanzenauswahl und die Abstimmung mit dem Grabzeichen und dem Umfeld des Grabes sein, um ein harmonisches Gesamtbild zu erzielen. Hinzu kommt der Pflegeaufwand für

Schlichte Stele mit dem leicht grau-grünen Stachelnüsschen als Bodendecker, dazu Eiben als Rahmen und Eriken auf dem herbstlichen Wechselbeet.

Ahorn setzt mit seinen leuchtenden Farben den herbstlichen Akzent in dieser Rahmenbepflanzung und unterstreicht die Wirkung des Grabzeichens.

ein Grab: Bei sorgfältiger Pflanzenauswahl und guter Gestaltung bereitet sie kaum Probleme und sorgt dafür, dass ein Grab zehn Jahre und mehr ohne aufwändige Umgestaltung unterhalten werden kann. Die Pflege beschränkt sich bei so einem Grab auf das Gießen an heißen Sommertagen sowie den eventuell erforderlichen Rückschnitt von Gehölzen und Stauden und das Austauschen der Blumen zu den jeweiligen Jahreszeiten. Auch für die Friedhofsgärtner ist die Gestaltung von Gräbern keine leichte Aufgabe, deshalb haben sich die Fachleute vor mehr als 30 Jahren **Gestaltungsrichtlinien** geschaffen. Die Richtlinien teilen die Flächen auf dem Grab in drei Varianten auf und geben dann als Anhaltspunkte die Anteile in Prozent an. Rahmenbepflanzung, Bodendecker und Wechselbepflanzung sind die Flächen, in die sich jede Bepflanzung einteilen lässt. Der Platz für das Grabzeichen wird als Bestandteil der Rahmenbepflanzung gerechnet.

Die Rahmenbepflanzung gehört zur ganzjährig sichtbaren Grundgestaltung des Grabes, deshalb sind Gehölze und wintergrüne Stauden die Pflanzen der Wahl.

Die Rahmenbepflanzung

Gehölze und Stauden wie Buchsbaum und Kiefer oder Gräser und Farne bilden die Rahmenbepflanzung und stellen die Verbindung zwischen dem Grabzeichen und der weiteren Bepflanzung her. Sie scheinen das Zeichen förmlich einzurahmen – daher der Begriff »Rahmenbepflanzung«. Daneben dient die Rahmenbepflanzung dazu, das Grab an sein Umfeld anzubinden. Das kann die Verbindung zu anderen Gräbern sein, wenn es keine Einfassungen gibt, oder der Anschluss an die Bepflanzung des Friedhofs.

Die Rahmenbepflanzung muss nicht immer strikt um das Grabzeichen herum geordnet sein, gute Gestalter lassen sie bis in den vorderen Bereich der Grabfläche auslaufen oder setzen mit einem zusätzlichen Gehölz oder einer Staude noch einen Akzent im vorderen Bereich. Dieser Trick dient auch dazu, langen Gräbern optisch mehr Tiefe zu verleihen. Neben den Gehölzen spielen Stauden in den letzten Jahren bei der Rahmenbepflanzung eine immer wichtigere Rolle. Wintergrüne Stauden wie Bergenien oder Gräser mit ihren filigranen Halmen bilden auch in der kalten Jahreszeit attraktive Punkte auf dem Grab. Dafür sorgen auch fruchttragende Gehölze wie die

Stechpalme *(Ilex)*. Bei einem Wahlgrab beansprucht die Rahmenbepflanzung etwa 25% des Platzes, bei einem Reihengrab sind es 15%.

Die Bodendecker

Gehölze wie Zwergmispel *(Cotoneaster dammeri)* und Efeu *(Hedera)* oder Stauden wie Stachelnüsschen *(Acaena buchananii)* und Dickanthere *(Pachysandra terminalis)* wachsen flach und mehr in die Breite als in die Höhe. Sie werden auf Gräbern deshalb gerne als »Bodendecker« verwendet. Die Pflanzen bilden schnell eine dichte grüne Decke, die das Grab bedeckt. Aus gestalterischer Sicht bringt der Bodendecker mit seiner relativ großen grünen Fläche Ruhe in die Gestaltung des Grabes. Ein guter Bodendecker lässt schnell nach dem Pflanzen keine Wildkräuter mehr aufkommen und erleichtert so die Pflege erheblich. Die dichte Pflanzendecke sorgt zudem dafür, dass der Boden nicht zu schnell austrocknet und das Grab auch im Sommer nicht ständig gegossen werden muss. Häufig wird eine Pflanzenart als Bodendecker verwendet. Stauden wie das Stachelnüsschen oder der duftende Thymian *(Thymus ser-*

Zum rechteckigen Grabzeichen ④ bekam das **Wahlgrab** ein mehrteiliges Wechselbeet ③. Der Rahmen ① besteht aus Ahorn und Gräsern, Bodendecker ② ist die Dickanthere.

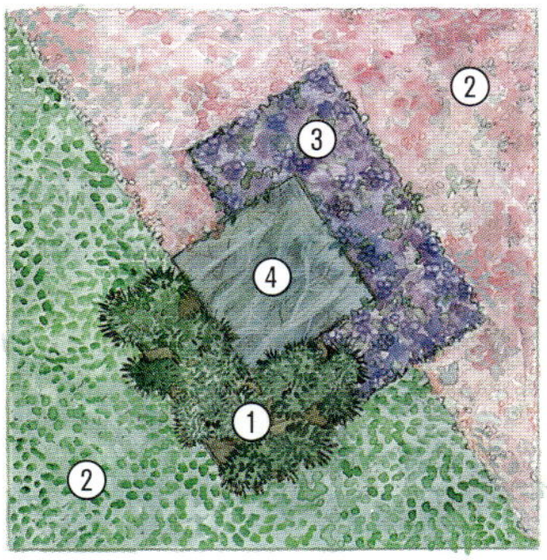

Zwei Bodendecker ② unterstreichen die Gestaltung des **Urnengrabes**. Rahmenbepflanzung ① und Wechselflor ③ am Stein ④ sorgen für Ruhe in der Fläche.

Das runde Grabzeichen ④ gibt die Form für die Gestaltung des **Reihengrabes** vor. Entsprechend wurde die Rahmenbepflanzung ① aus rund wachsenden Nadelgehölzen gewählt. Das Gehölz im Vordergrund verkürzt das lange Grab optisch und gibt der Gestaltung Tiefe. Das relativ große Wechselbeet ③ ist typisch für Reihengräber. Bodendecker ② könnte hier eine feinblättrige Zwergmispel sein.

Gängige Maße von Gräbern
Die Maße für Gräber variieren leicht von Ort zu Ort, genaue Maße können vor Beginn der Gestaltung bei der zuständigen Friedhofsverwaltung erfragt werden – die folgenden Maße sind deshalb als Anhaltspunkte zu verstehen. Das Grabbeet bei einem zweistelligen Wahlgrab hat ein Maß von 120 x 250 cm, bei großen Familiengräbern kann das Grab entsprechend breiter sein. Das fertige Grabbeet bei einem Reihengrab ist in der Regel 80 x 180 cm lang und Urnengräber verfügen über ein Maß von 125 x 125 cm.

Die Rahmenbepflanzung wird auf Urnengräbern häufig mit einem kleinen Gehölz oder einem Gras angedeutet.

pyllum) sorgen mit Blüten und Früchten für zusätzliche Effekte auf dem Grab.

Die Friedhofssatzung beachten!
Die Satzung eines Friedhofs regelt den Umgang der Menschen miteinander, sie kann man mit einer Hausordnung gleichsetzen. Vor dem Kauf eines Grabes und vor dem Beginn der Grabgestaltung sollte die Satzung aufmerksam gelesen werden. Sie gibt in aller Regel zumindest die Maße für die Grabzeichen bei den Gräbern vor. In ihr steht auch, welche Pflanzen auf Gräbern nicht verwendet werden dürfen. Dazu gehören Gehölze, die mit der Zeit kräftig an Größe zulegen und dann den Rahmen des Grabes sprengen und auch die Nachbargräber mit bedecken würden (siehe auch Seite 85).

Auf Familiengräbern mit entsprechend großer Fläche können zwei verschiedene Bodendecker für eine zusätzliche Strukturierung des Raumes sorgen. Für kleinere Gräber ist eine Pflanzenart als Bodendecker jedoch die bessere Wahl – sonst würde der gewünschte Effekt der ruhigen Fläche leicht verwischt. Bei Wahlgräbern hat der Bodendecker einen Anteil von rund 60%, bei Reihengräbern sind es 50%.

Die Wechselbepflanzung

Frühling, Sommer, Herbst und Winter sind die Jahreszeiten, zu denen auch die Gräber geschmückt werden. Für diese Form der Bepflanzung oder Dekoration ist auf dem Grab eine Fläche vorgesehen, die in der Fachsprache wegen des Wechsels der Bepflanzung als »Wechselbeet« oder »Wechselbepflanzung« bezeichnet wird. Der Blumenschmuck gemäß der Jahreszeit setzt einen farbigen Akzent auf dem Grab. Das Beet dafür muss nicht immer rund sein, viele geometrische Formen bieten sich an. Als Faustregel gilt: Je einfacher die Form des Beetes ist, desto einfacher lässt es sich pflegen.
Da die Wechselbepflanzung von Bodendeckern umgeben ist, sollte die Form sorgfältig überlegt werden. Nachträgliche Erweiterungen des Wechselbeetes sind einfacher als grundsätzliche Formänderungen oder Verkleinerungen, bei denen immer der Bodendecker in Mitleidenschaft gezogen wird. Die Gestaltungsrichtlinien sehen für das Wechselbeet auf Wahlgräbern 15% der Fläche vor, bei Reihengräbern ist sie mit einem Anteil von 35% deutlich höher.

Sonderfall Urnengrab

Bei Urnengräbern kommt die Rahmenbepflanzung seltener zur Anwendung. Nur wenige Gehölze bleiben auf Dauer klein genug, um die Proportionen auf diesen Gräbern zu wahren. Bodendecker und Wechselbepflanzung sind hier die Flächen, mit denen gearbeitet wird. Zu einer schmalen Stele bieten sich jedoch ein kleines Gehölz oder eine kleine Staude an. Um neben der Wechselbepflanzung optisch noch mehr Leben auf das Grab zu bekommen, verwenden Fachleute gelegentlich zwei sorgfältig aufeinander abgestimmte Bodendecker – doch dann will die Auswahl der Pflanzen und Farben und ihre Abstimmung mit dem Grabzeichen sehr genau überlegt sein.

Symbolpflanzen für das Grab

Pflanze	Symbol
Gänseblümchen	Bescheidenheit, Marienblume
Rose	Liebe
Lilie	Reinheit, Unbeflecktheit, Marienblume
Efeu u. a.	Immerwährendes Leben wie alle Immergrünen
Eibe	Totenpflanze
Golderdbeere u. a.	Dreifaltigkeit wegen dreigeteiltem Laub
Distel	Leid und Schmerz
Stechpalme	Leid und Schmerz

Symbolformen für das Grab

Form	Symbol
Kranz	ohne Anfang und Ende, unendliches Leben
A + O	Alpha und Omega, Anfang und Ende
Kreuz	stärkstes Zeichen des Christentums
Fisch	ältestes Zeichen des Christentums
Herz	Liebe, Zuneigung
Träne, Tropfen	Trauer und Verlust
Hängende Pflanzen	Trauer und Verlust
Elchschaufel	aus Ostpreußen stammend

Symbolfarben für das Grab

Farbe	Symbol
Weiß	Friede, Reinheit, Jugendlichkeit
Gelb	Sonne, Wärme
Rot/Orange	Feuer, Glut, Liebe, Temperament
Violett	Kirche
Grün	Leben und Entwicklung
Blau	Treue
Braun	Erde und Bodenständigkeit
Schwarz	Trauer und Schmerz

Grundlagen der Gestaltung

Die Bepflanzung soll mit dem Grabzeichen eine harmonische Einheit auf dem Grab bilden – das ist die Grundlage der Grabgestaltung. Eine Vorgabe für die Gestaltung bildet das Grabzeichen. Fachleute nehmen Farben und Formen aus dem Grabzeichen auf und setzen sie in der Bepflanzung um. Neben den Gestaltungsrichtlinien, die bei der Flächenaufteilung helfen, helfen dem Laien einfache Verhältnis-Rechnungen und ein wenig Wissen über Farben und Formen.

Der wohlproportionierte Kranz stellt der Goldenen Schnitt genau dar. Der Kranzkörper entspricht dem Faktor 1, das Loch in der Mitte hat den Faktor 1,6.

Qualität kaufen

Der Einkauf von guter Qualität bei einem Friedhofsgärtner oder in einem gut sortierten Gartencenter lohnt sich schon wegen der fachkundigen Beratung. Die vermeintlich teuren Pflanzen stellen sich schnell als das günstigere Angebot heraus, wenn es um die Pflege des Grabes geht. Billig angebotene Nadelgehölze gehören zum Beispiel in der Regel zu den schnell wachsenden Arten. Mit denen sind jedoch Probleme und viel Aufwand beim Schneiden auf dem Grab vorprogrammiert. Langsam wachsende Gehölze sind wegen ihres reduziertes Wuchses teurer, behalten ihre Form auf dem Grab jedoch für lange Zeit. Qualität zahlt sich auf lange Sicht gesehen auf dem Friedhof aus.

Bevor man mit dem Kauf der Pflanzen beginnt, sollte man die eigene Gestaltungsidee gründlich überlegen – Pflanzen, die später nicht mehr recht ins Bild passen, sind die teuersten, die man kaufen kann.

Der Goldene Schnitt

Neben der Farbenlehre gehört der »Goldene Schnitt« zu den wichtigsten Grundlagen für die Grabgestaltung. Der Goldene Schnitt legt, vereinfacht gesagt, die Größenverhältnisse verschiedener Dinge zu einander in einem bestimmten, harmonisch ausgeglichenen Verhältnis fest. Setzt man zum Beispiel zu einer

160 cm hohen **Grabstele** ein 80 cm hohes **Gehölz,** stimmt die Proportion nicht, die Stele schwebt zu weit über der Pflanze. Wählt man dagegen ein 100 cm hohes Gehölz, passt das Größenverhältnis mit drei Dritteln der Stele zu zwei Dritteln bei der Höhe der Pflanze von der Proportion her wesentlich besser – die gewünschte Harmonie entsteht.
In Zahlen ausgedrückt hätte die Stele bei diesem Rechenbeispiel den Faktor 1,6, die Pflanze entspräche dem Faktor 1. Genau das sind die Zahlen, auf denen der Goldene Schnitt basiert.
Wer einen **wohl proportionierten Kranz** nachmisst, wird feststellen, dass selbst der Kranz dem Goldenen Schnitt entspricht. Der Kranzkörper entspricht dem Faktor 1, das Loch in seiner Mitte hat den Faktor 1,6. Und wer sich die Mühe macht, und die angegebenen Prozentzahlen (z. B. Seite 18) für die Flächenaufteilung nachrechnet, kommt auf ähnliche Ergebnisse.
Der Goldene Schnitt lässt sich bei der Grabgestaltung nicht nur auf das Verhältnis von Pflanzen und Grabzeichen anwenden, er hilft auch bei der **Aufteilung der Flächen** auf dem Grab. Ein Wechselbeet wird immer dann besonders harmonisch wirken, wenn es nicht genau in der Mitte des Grabes platziert wird, sondern gemäß dem Goldenen Schnitt näher an den Rand oder das Grabzeichen rückt. **Trittplatten** und **Grablaternen** lassen sich ebenfalls in die Harmonie der Gestaltung mit einbeziehen. Oft sind es Kleinigkeiten wie diese, die aus einer einfachen, ungelenk wirkenden Grabgestaltung eine harmonische und gelungene machen.

Formen aufnehmen

Mit seiner Form liefert das Grabzeichen eine Vorlage für die Gestaltung.
Als Faustregel gilt: Zu einem Zeichen mit runden und weichen Formen passt eine Gestaltung mit weichen Linien – zu einem Grabzeichen mit geraden Linien und Ecken sollte die Gestaltung des Grabes entsprechend geradlinig sein.
Doch Vorsicht: Wer versucht, jede Linie aus dem Zeichen in die Bepflanzung umzusetzen, bekommt schnell eine unruhige Gestaltung, der es an jeglicher Harmonie fehlt. Die Kunst ist die Beschränkung auf das Wesentliche und das konsequente Einhalten von einmal gewählten Formen. Vorsicht ist beim Spiegeln von Formen angebracht, die auf dem Grabzeichen zu sehen sind. Einige christliche Symbole wie zum Beispiel das Kreuz verwandeln sich, wenn man sie auf den Kopf stellt, in Zeichen des Satans. Und die haben auf unseren christlich geprägten Friedhöfen nichts zu suchen.
Schwierig wird das Aufnehmen von Formen, wenn sie so fein sind, dass sie sich mit Pflanzen nur schwer umsetzen lassen.
Kreis, Rechteck, Raute oder **Oval** sind nicht ohne Grund die beliebtesten Formen auf unseren Friedhöfen. Sie lassen sich einfach mit Hilfe einer Schnur und eines Maßbandes anlegen und

Die dreieckige Form des Grabzeichens nehmen die beiden Wechselbeete mit bunter Kalanchoe exakt auf.

Das Grabzeichen gibt die geraden Linien vor, die sich in der gesamten Aufteilung wiederfinden.

Je einfacher die gewählten Formen sind, desto leichter lassen sie sich pflegen und über lange Zeit ohne Schwierigkeiten erhalten. Ein Beispiel dafür ist das Wechselbeet.

verwischen nicht im Laufe der Jahre. Nichts wirkt auf einem Grab störender als zum Beispiel ein Wechselbeet in Form eines Herzens, dessen Linien mit der Zeit kaum noch zu erkennen sind. Bei der Wahl der Form sollte gleichzeitig über die **Bepflanzung** nachgedacht werden. Feine Formen wie zum Beispiel eine Spirale lassen sich mit kleinen Pflanzen einfacher darstellen als mit Gewächsen, die im Laufe eines Sommers sehr stark wachsen. Zudem heben sich diese Formen am besten ab, wenn sie mit einem sehr flach wachsenden Bodendecker kombiniert werden.

Die Form, die das Grabzeichen vorgibt, kann auch mit Hilfe von verschiedenen **Blütenfarben** oder **Pflanzenformen** aufgenommen werden. Wem die Spirale als Beetform zu aufwändig ist, der kann sie auf dem Wechselbeet mit Hilfe von unterschiedlich farbigen Blüten nachvollziehen. Diese Methode bietet zudem den Vorteil, dass man sich nicht von vorneherein mit der Beetform festlegt, sondern mit jeder neuen Bepflanzung eine neue Variante ausprobieren kann. Die Spirale könnte sich auf dem Grab auch als in Form geschnittenes immergrünes Gehölz wiederholen. Bei der Entscheidung für **Formschnitt-Gehölze** sollte jedoch immer bedacht werden, dass sie nur dann ihren Ausdruck und ihre Schönheit behalten, wenn sie mehrfach im Jahr sorgfältig geschnitten werden.

Wie fast alle Pflanzen nehmen Bodendecker und Rahmenbepflanzung ständige Platzwechsel übel. Am einfachsten fällt hier die Gestaltung auf dem Grab, wenn man sich die Grabfläche auf einem Blatt Papier skizziert und dann mit verschiedenen Farben und Formen experimentiert.

Raum schaffen

Sieht man einmal vom Grabzeichen ab, ist das Grab eine flache Fläche. Erst mit unterschiedlichen Höhen kommt Spannung und Tiefe in die Gestaltung. Einer der Tricks von Fachleuten ist das Vorziehen von Teilen der Rahmenbepflanzung bis in das vordere Drittel des Grabes. Dabei dürfen die Pflanzen, die in den Vordergrund gerückt werden, natürlich nicht zu hoch sein, da sie sonst die Proportionen der gesamten Anlage sprengen würden.

Auf sehr großen Gräbern kann man Raum und Spannung auch mit mehreren Wechselbeeten oder mit der Kombination von verschiedenen Bodendeckern schaffen. Dazu eigenen sich besonders gut der Spindelstrauch *(Euonymus fortunei)*, den es mit verschiedenen Blattfarben und -mustern gibt, oder die verschiedenen Varianten des Buchsbaumes *(Buxus)*. Die Standortansprüche der auswählten Bodendecker müssen dabei unbedingt berücksichtigt werden, sonst wird die spätere Pflege sehr aufwändig.

Gruppen bilden

Bei der Grabgestaltung kann man mit unterschiedlich großen Pflanzengruppen sehr gute Effekte erzielen. Dabei sollte jedoch unbedingt der Goldene Schnitt (siehe Seite 20) beachtet werden, wenn es um die Höhe der Pflanzen und die Lage der Gruppen zueinander geht. Fachleute unterscheiden dabei eine optisch starke »Hauptgruppe«, eine kleinere »Nebengruppe« und eine noch kleinere »Gegengruppe«. Frühlingsblühende Blumenzwiebeln, wie zum Beispiel Narzissen, Tulpen oder Hyazinthen, sollten nur in Gruppen verwendet werden – an ihren Naturstandorten bilden diese Gewächse dichte, duftige Teppiche, als »Einzelgänger« verlieren sie hingegen stark an Wirkung.

Hecke – ja oder nein?

Aus gestalterischer Sicht sind Hecken, die ein Grab umgeben, ebenso ungünstig wie die zum Teil vorgeschriebenen Einfassungen. Doch kleine Hecken, die sich wie leicht erhöhte Bänder über ein großes Grab ziehen und die Raumbildung unterstützen, können Sinn machen. Sie erfüllen ihren Zweck nur dann, wenn sie regelmäßig und sorgfältig geschnitten werden. Buchsbaum oder die kleinblättrigen Varianten des Spindelstrauchs bieten sich für solche Hecken an.

Einfaches Hilfsmittel einer guten Gestaltung ist das Bilden von Gruppen. Schaut man sich in der Natur um, wird man Pflanzen selten einzeln sehen – sie bilden häufig kleine Gruppen aus einer oder mehreren Arten.

Auf einigen Friedhöfen ist das Einfassen von Gräbern mit kleinen Buchsbaum-Hecken üblich, die an die Einfassungen von Bauerngärten erinnern. Auch hier gilt: Nur sorgfältiger Schnitt mehrmals im Jahr hält die Hecke im Zaum und wahrt die Harmonie der gesamten Anlage. Ein Grab

Das Herz als Form des Wechselbeetes sowie Gänseblümchen und Vergissmeinnicht als Pflanzen bilden eine starke Symbolsprache bei der Frühlingsbepflanzung.

Exaktes Strukturbeet aus Echeverien und Papageienblatt, das Formen aus dem Grabzeichen förmlich spiegelt.

mit Hecke erhöht den Pflegaufwand – wer das nicht Fachleuten überlassen will, muss selbst zur Heckenschere greifen.

Weniger ist mehr

Die Verwendung von möglichst vielen Pflanzenarten ist kein Kennzeichen einer guten Gestaltung. Bereits mit zwei Arten lässt sich auf einem Grab eine harmonische und anspruchsvolle Gestaltung erreichen, der es auch nicht an Farbe fehlen muss. Buchsbaum kann als Bodendecker und als Rahmenbepflanzung verwendet werden, dazu noch ein Wechselbeet aus zum Beispiel Eisbegonien in verschiedenen Farben – und schon wäre eine interessante Grabgestaltung erreicht. Oft entstehen sehr bunt bepflanzte Gräber aus dem Wunsch von Angehörigen und Freunden, regelmäßig Pflanzen zum Friedhof zu bringen – und was einmal vor Ort ist, mag man dann nicht mehr entfernen. Die Lösung könnte hier ein bunt gemischtes Wechselbeet sein, in das man die verschiedenen mitgebrachten Pflanzen integriert.

Zwischenlösung Saisonblumen

Die endgültige Gestaltung eines Grabes erfolgt je nach Bodenart rund 6 bis 9 Monate nach der Beisetzung. Vorher macht die endgültige Gestaltung keinen Sinn, da sich das Grab anfangs noch stark setzt. Bodendecker und Rahmenbepflanzung würden dabei immer wieder stark in Mitleidenschaft gezogen. Als Zwischenlösung bietet sich die Bepflanzung des gesamten Grabes mit Saisonblumen oder im Herbst mit einer kompletten Abdeckung aus Schmuckreisig an. Im Frühjahr und Sommer können bei dieser Zwischenlösung auch die Pflanzen verwendet werden, die zur Beisetzung in Schalen mitgebracht wurden. Diese oft bunte Mischung aus Pflanzen lässt sich zu einer Einheit zusammenfassen, indem man sie zum Beispiel in einen Teppich aus Stiefmütterchen oder Eisbegonien pflanzt. Ziel ist dabei wieder, optische Ruhe und Harmonie auf das Grab zu bekommen.

Mit Farben gestalten

An einer Stelle in der vollen Sonne bietet sich das Arbeiten Ton-in-Ton oder mit Komplementärfarben an. Ein Grab im Schatten

Mit Hilfe des Farbkreises lassen sich Farbharmonien schnell erkennen.

------ **Komplementärkontraste**

△ **Farbdreiklang**

◡ **Farbverlauf**

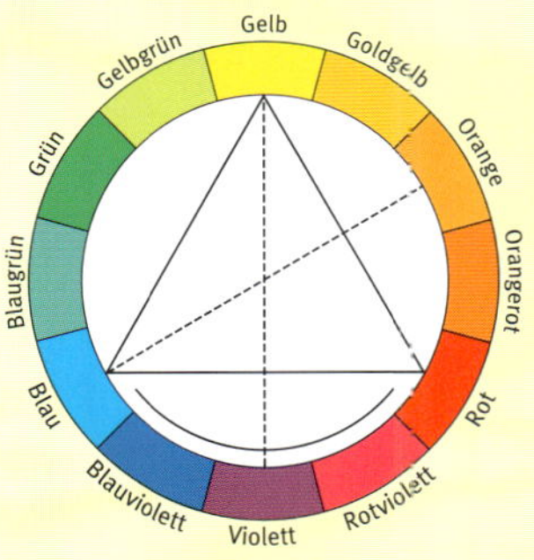

verträgt hingegen am dunkleren Standort stärkere Farbkontraste, ohne gleich hart und unharmonisch zu wirken.

Als **»Komplementärfarben«** werden die Töne bezeichnet, die sich im **Farbkreis** gegenüber liegen. Rot und Grün bilden so ein Beispiel – ein Grab mit einem rötlichen Stein wird deshalb mit einem roten Wechselbeet, einem rein grünen Bodendecker und rein grüner Rahmenbepflanzung immer Harmonie ausstrahlen. Ganz anders wäre die Farbwirkung, wenn man zu Rot und Grün mit zum Beispiel einem gelblaubigen Gehölz die dritte Grundfarbe kombiniert: Sehr starke Kontraste wären die Folge, die nicht zur Harmonie auf dem Grab beitragen.

Ein Beispiel für das Arbeiten **Ton-in-Ton** wäre zu einem Holzzeichen in einem hellen Braunton die Verwendung eines gelbgrünen Bodendeckers mit einer gelblich-grünen Rahmenbepflanzung in Kombination mit gelben Blüten auf dem Wechselbeet.

Farben werden von unseren Augen als unterschiedlich hell wahrgenommen – und deshalb lässt sich bei der Grabgestaltung mit **Hell und Dunkel** ebenso spielen, wie mit verschiedenen **Farbtönen.** Ein Wechselbeet bekommt durch das Einstreuen von Blau optisch mehr Tiefe, ein langes Grab kann beim Verwenden von hellen und optisch leichteren Farben rund um das Grabzeichen für das Auge des Betrachters gestreckt werden.

Als Experimentierfeld für das Gestalten mit Farben bietet sich auf dem Grab das Beet für die Wechselbepflanzung an. Bei jedem Pflanzenwechsel gibt es die Chance, mit einer **neuen Farbkombination** zu testen, wie sich die Töne auf die Harmonie der gesamten Anlage auswirken.

Neben der Form sorgt die Farbe der gewählten Pflanzen für Harmonie auf dem Grab. Bei der Wahl von Farben ist die Lage des Grabes wichtig.

Rot und Grün sind Komplementärkontraste, die die Wirkung des Grabzeichens unterstreichen – zum niedrigen Stein passt auch die klein gehaltene Rahmenbepflanzung.

Ideen für die Gestaltung eines Grabes finden sich nicht nur auf Friedhöfen: Die kleinen und großen Gartenschauen in Deutschland bieten immer einen Bereich zum Thema »Grabbepflanzung und Grabmal« mit vielen Anregungen und Informationen rund um die Pflanzen.

Erinnerung mit Pflanzen

Die Grabgestaltung mit Pflanzen bietet den Angehörigen eine schöne Möglichkeit, mit Lieblingsfarben und –pflanzen an den Verstorbenen zu erinnern. Leider wird diese Chance selten genutzt – doch wer sich mit diesem sehr persönlichen Thema auseinander setzt, leistet aktive Trauerarbeit und hält das Gedenken an einen Mitmenschen wach. Auf Kindergräbern sind solche Zeichen noch häufiger zu sehen – der in Form des Lieblings-Teddys geschnittene Buchsbaum spricht eine ebenso deutliche wie liebenswerte Sprache wie ein bunt gemischtes Wechselbeet in den fröhlichen Farben einer unbeschwerten Kindheit. Eine bestimmte Art der Bepflanzung und die **gezielte Auswahl** von Pflanzen kann auch dem Außenstehenden viel über den Toten verraten. Was spricht zum Beispiel gegen ein Wechselbeet aus Kräutern und Ziergemüse im Sommer und Herbst für einen Koch oder einen besonders umweltbewussten Menschen? Passt auf das Wechselbeet für einen Maler nicht eine fein abgestimmte Mischung aus verschiedenen Farben besser als eine einfache Pflanzung mit nur einem Ton? Blau als Symbol des Wassers wäre vielleicht eine schöne Farbe für einen begeisterten Segler – diese kleine Aufzählung lässt sich mit ein wenig Phantasie und Kenntnis des Verstorbenen leicht erweitern. In unserer immer anonymer werdenden Welt können die Pflanzen auf dem Grab deutlich zum Ausdruck bringen, dass hier ein Mensch ruht, der vielen anderen in guter Erinnerung ist.

Dieser Grabstein mit der Stadt als Ansicht erinnert an einen guten Architekten. Das Zeichen ist auf allen Seiten handwerklich bearbeitet und sehr ausdrucksstark.

Alles natürlich?

In den letzten Jahren sind auf unseren Friedhöfen vor allem im Herbst immer mehr gefärbte Heidepflanzen zu sehen. Auch vor dem immer beliebter werdenden Zierkohl macht das **künstliche Einfärben** ebenso wenig Halt wie vor Zapfen und Früchten. Letztlich ist das Verwenden von gefärbten Pflanzen auf dem Grab eine Frage des persönlichen Geschmacks. Die Natur und die Züchtung durch den Menschen bieten heute

Das Kreuz ist das stärkste Zeichen des Christentums. Vorsicht ist beim Spiegeln dieses Zeichens geboten – seine Aussage verändert sich dann ins Gegenteil.

jedoch zu fast jeder Jahreszeit Blüten und Pflanzen in fast allen denkbaren Farben. Die Verwendung von gefärbten Pflanzen auf dem Grab ist deshalb für mich persönlich sehr fragwürdig. Wer es dennoch versuchen möchte, sollte darauf achten, dass eine gewisse Farbharmonie auf dem Grab erhalten bleibt, und die extrem grellen Kunstfarben meiden.

Gleiches gilt für die Verwendung von **Kunstblumen.** Die Natur selbst bietet eine fast unendliche Auswahl an verschiedenen Blüten und Pflanzen. Die Kunststoff-Gewächse verändern sich nicht – und sind damit für die Symbolik, die auf einem Grab eine wichtige Rolle spielt, ein Fehlgriff. Hinzu kommt noch das aller Orten gängige Verbot von Kunststoffen auf den Friedhöfen.

Pflege als Symbol

Abgesehen von Zeichen, Pflanzen und Farben ist ein liebevoll gepflegtes Grab immer noch das schönste Symbol für das Andenken an einen Menschen. Dabei steht nicht in erster Linie eine perfekte Gestaltung im Vordergrund. Die kann die eigentliche Pflege deutlich erleichtern – doch auch der einfachste Versuch, ein Grab zu gestalten, ist einem Menschen angemessener als eine ungepflegte und verwahrloste Stätte, die mit ihrem Zustand sagt: »Wir haben Dich vergessen«.

auf einen blick

- Menschen brauchen einen Ort für die Trauer. Friedhöfe sind Orte der Trauer aber auch Orte der Ruhe und der Erholung.
- Die Grabart entscheidet darüber, ob nach Ablauf des Nutzungsrechtes verlängert werden kann. Schnelle Entscheidungen bereiten häufig Probleme.
- Einfache Regeln helfen beim Gestalten und sorgen für eine pflegeleichte Bepflanzung.
- Formen, Farben und Pflanzen sind wichtige Symbole bei der Grabgestaltung, die ohne Worte viel über den Verstorbenen aussagen können.

FRANZ HIEBER *1927
ANNA GEB·KLEBER
HEIRAT ∞ 1955 FRANZ+ANNA
GEBURT *1957 GISELA
GEBURT *1961 MARKUS
FRANZ HIEBER +1982
+1997 ANNA HIEBER
SOHN MARKUS +2000 VERUNGLÜCKT

Saisonbepflanzung im Wechsel der Jahreszeiten

Mit Blumen der Saison kommt Farbe auf das Grab. Die Wechselbepflanzung bietet dabei die beste Möglichkeit, auf dem kleinen Beet immer wieder andere Farb- und Pflanzenkombinationen auszuprobieren.

Herbst pur: Hortensienblütenstände mit wenig Farbe, Grün und Zapfen in diesem Kranz sind starke Symbole.

Die Wechselbepflanzung

Vier Pflanzen- und Dekorationswechsel sind in Deutschland üblich: Frühling, Sommer, Herbst und Winter. In fast jedem Jahr kommen neue Pflanzenarten und -sorten auf den Markt, die das Wechseln der bunten Bepflanzung noch spannender machen – dazu gehören auch aktuelle Trends bei der Gestaltung.

Von Mono bis Teppich

Je nach Gestaltung kann man drei Varianten für das Wechselbeet unterscheiden:

- die Monopflanzung, die aus nur einer Pflanzenart besteht,
- das gemischte Beet aus verschiedenen Pflanzen sowie
- das Teppich- oder Strukturbeet.

◀ Stiefmütterchen in verschiedenen Größen und Vergissmeinnicht auf einem gemischten Beet für die Frühlingsbepflanzung.

Monopflanzungen sind nach wie vor die beliebtesten auf den Gräbern. Und das mit gutem Grund: Werden im Frühling zum Beispiel nur Stiefmütterchen verwendet, muss man sich keine Gedanken darüber machen, wie sich verschiedene Pflanzenarten miteinander vertragen. Trotzdem kommt keine Langeweile auf – es gibt heute von jeder Pflanzenart so viele verschiedene Sorten, dass Eintönigkeit nicht mehr sein muss.
Das **gemischte Beet** ist eine Kombination aus verschiedenen Pflanzen. Für den Sommer würde sich zum Beispiel die Kombination aus Eisbegonien mit einem Rand aus blauem Männertreu *(Lobelia erinus)* anbieten. Gerne werden bei dieser Variante sehr langlebige Pflanzen wie die Eisbegonien mit dem kurzlebigeren Männertreu kombiniert – ziehen sich die blauen Blumen Mitte Juli zurück, werden sie von den Begonien überwachsen und das Beet macht immer einen gepflegten Eindruck.

Teppich- oder Strukturbeete waren früher mehr eine Sache für die Herbstbepflanzung, heute sieht man sie auch im Frühling und im Sommer. Wie bei einem bunten Teppich werden auf diesem Beet verschiedene Pflanzenarten so zusammengefügt, dass eine kleine Landschaft entsteht. Gräser und andere Gewächse mit schönem Laub sind ein Muss für das Teppichbeet. Dazu gehören dann oft auch Accessoires wie Wurzeln, Moos oder Steine.
Das Pflanzen eines harmonischen Teppichbeetes verlangt viel Erfahrung und Können – wer es selbst probieren möchte, sollte mit einem gemischten Beet beginnen und beim nächsten Pflanzenwechsel versuchen, das

Professionell gepflanztes Wechselbeet ohne große Lücken bei den Blüten und mit einer leichten Wölbung in der Mitte, die das Beet noch plastischer wirken lässt.

Beet mit Hilfe weiterer Pflanzen immer mehr zu strukturieren. Die Kunst besteht dabei nicht nur in der Kombination von unterschiedlichen Farben und Strukturen, sondern auch im Wissen um das Wuchsverhalten der Pflanzen. Nur so kann man ein Teppichbeet pflanzen, das ohne größeren Pflegeaufwand zu erhalten ist.

Ein wichtiger Teil der Grabgestaltung besteht im Schaffen von Räumen – deshalb sollte sich das Beet wie das Glas einer Uhr leicht über dem Bodendecker erheben. Das gilt für alle Formen des Wechselbeetes. Erreicht wird diese Wölbung, die nur dann zur Wirkung kommt, wenn sie gleichmäßig ausgeführt ist, durch das Auffüllen des Pflanzbeetes mit zusätzlicher Erde.

Das Pflanzen

Bei dem leicht nach oben gewölbten Wechselbeet beginnt die Pflanzung am Rand, die ersten Pflanzen werden leicht schräg eingesetzt. Bei einem **runden Beet** bietet sich das Pflanzen in Runden an, andere Formen werden mit Reihen ausgefüllt. Beim Pflanzen darauf achten, dass die Pflanzen auf »Lücke« gesetzt werden – in jeder folgenden Reihe kommen die neuen Pflanzen immer in die Lücke zwischen den Pflanzen der Vorreihe. Beim Kreis werden dabei die einzelnen Runden immer kleiner, bis schließlich die Mitte mit einem Tuff aus mehreren Pflanzen geschlossen wird. **Eckige Formen** werden ebenso Reihe für Reihe bearbeitet, wobei eine sorgfältige Pflanzung der Ränder und Ecken besonders wichtig ist. Vor dem Einsetzen der Pflanzen kann man die Abstände austarieren, indem man die Pflanzen auf das Beet legt – und es sich dann auch einmal aus einer Entfernung von 2 oder 3 m anschaut.
Vor der Pflanzung wird das Beet von allen Pflanzenresten befreit und dann mit einem Spaten aufgegraben und gelockert. Nach dem Auffüllen mit zusätzlicher Erde kann mit dem Pflanzen begonnen werden. Das geht nur dann leicht von der Hand, wenn die Erde im Beet locker ist – deshalb ist die Vorbereitung wichtig.
Die eigentliche Kunst beim Pflanzen eines Wechselbeetes besteht darin, den richtigen **Abstand der Gewächse** zueinander zu finden. Pflanzt man zu weit, entstehen hässliche Lücken, durch die bald Wildkräuter aufwachsen. Eine zu dichte Pflanzung bringt die Pflanzen dazu, sich schnell in die Höhe zu ziehen – und dann stimmen die Proportionen auf dem Grab nicht mehr. Bei einer zu dichten Pflanzung besteht zudem die Gefahr, dass sich zwischen den Pflanzen Krankheiten und Schädlinge ausbreiten. Nach einem Regenschauer oder dem Gießen trocken die Pflanzen nicht schnell genug ab und sind

dann empfänglich für zum Beispiel Mehltau oder Schneckenfraß.

Die Düngung

In der Regel sind alle Pflanzen aus gärtnerischer Kultur heute bereits beim Kauf ausreichend mit Nährstoffen versorgt. So genannte »Depotdünger« in den gärtnerischen Kulturerden geben die Nährstoffe langsam und über eine lange Zeit ab. Dieses Depot reicht, um die Pflanzen auf dem Wechselbeet ausreichend zu ernähren. Versorgt man die Gewächse mit zu viel Dünger, erreichen viele von ihnen schnell unerwünschte Höhen. Zu gut ernährte Pflanzen werden zudem weich und anfällig für Schädlinge und Krankheiten. **Frühlings- und Herbstbepflanzungen** sollten deshalb nicht zusätzlich gedüngt werden. Lediglich bei der **Sommerbepflanzung,** die länger auf dem Beet bleibt, kann es Sinn machen, mit einer vorsichtigen Flüssigdüngung beim Gießen für Nachschub bei den Nährstoffen zu sorgen. Doch auch hier gilt: Weniger ist in der Regel mehr, gesunde, kompakte Pflanzen machen sich auf dem Grab besser als hoch aufgeschossene, weiche Gewächse.

Der Kauf

Die beste Einkaufsquelle für die Wechselbepflanzung sind die Friedhofsgärtnerei vor Ort oder ein gutes Gartencenter. Pflanzen, die für Gräber verwendet werden, müssen andere Qualitäten haben als die Gewächse, die wir zum Beispiel in Balkonkästen pflanzen. Oft bieten Friedhofsgärtner die gleichen Arten und Sorten an – doch sie kultivieren die Pflanzen von Anbeginn an bei kühleren Temperaturen und härten sie damit gleich ab. Das ist bei den Frühlingsblumen zum Beispiel besonders wichtig. Für die Sommerbepflanzung ziehen die Fachleute Sorten vor, die sich später entwickeln und dafür konstant bis in den Herbst hinein blühen. Das Geschäft mit den Beet- und Balkonpflanzen beginnt heute bereits im April, die Sommerbepflanzung auf dem Grab sollte jedoch nicht vor den Eisheiligen Mitte Mai stattfinden. Erst danach ist die Gefahr von starken Spätfrösten gebannt.

Anfänger tun sich beim Pflanzen eines Wechselbeetes mit kleinen Pflanzen leichter. Sie bieten mehr Gelegenheiten, Unebenheiten auszugleichen und nehmen mit ihren kleineren Erdballen nicht so viel Platz im Beet ein.

Herbstliches Strukturbeet mit geometrischer Aufteilung und vielen für die Jahreszeit typischen Pflanzen wie Chrysanthemen, Alpenveilchen und Heide.

Leuchtender Frühling

Helle, leuchtende Farben und natürlich die Zwiebelblumen sind typisch für den Frühling. Bei der Kombination der frischen Farben sollte man auf dem Grab vorsichtig zu Werke gehen – die Töne können schnell zu grell wirken und die Harmonie der Anlage stören.

Kleinblumige Stiefmütterchen haben die Gräber erobert, weil sie ausdauernd und unempfindlich sind.

Zeit für die Pflanzung des Frühlingsbeetes ist je nach Region und Lage der Monat März, häufig wird Ostern als der Termin genommen, an dem auch der Frühlingsputz auf dem Grab erfolgt sein sollte. Den Frühlingsblumen schaden späte Fröste und launisches Aprilwetter nicht, sie können deshalb ohne Bedenken dann gepflanzt werden, wenn der starke Frost aus dem Boden gewichen ist. Früher wurde die Frühlingsbepflanzung bereits im Herbst mit Stiefmütterchen, die dann auf dem Grab überwinterten, erledigt. Die Herbstpflanzung birgt jedoch immer das Problem, dass Pflanzen auswintern oder in den mittlerweile sehr feuchten Wintern auf den Beeten verfaulen. Für die Wintermonate ist deshalb eine Dekoration aus Zweigen und Zapfen die bessere Alternative.

Frühlingsblumen sind von Haus aus genügsam, auch der Standort spielt zu dieser Jahreszeit noch keine wichtige Rolle. In den kühlen Frühlingsmonaten wachsen die Pflanzen nicht so schnell, dass sie zu sehr aus der Form geraten. Die modernen Sorten der Frühlingsblüher sind zudem recht hitzebeständig. Auch heiße Apriltage bringen sie kaum aus der Fasson.

Stiefmütterchen

Das Stiefmütterchen *(Viola × wittrockiana)* bietet für die Frühlingsbepflanzung die größte Auswahl an Formen und Farben. Neben den klassischen Stiefmütterchen mit den großen, ausdrucksstarken »Blütengesichtern« bieten sich die noch recht neuen kleinblumigen Sorten an. Sie gibt es mittlerweile in vielen verschiedenen Farben, darunter sind auch schöne Pastelltöne, die gut auf Gräber passen. Die Züchter arbeiten immer noch intensiv an den beliebten Frühlingsblumen, ständig werden neue Sorten angeboten. Neu sind zum Beispiel großblumige Varianten mit gefransten Rändern und Blüten mit einem geflammten Farbverlauf.

Doch die **kleinblumigen Stiefmütterchen** sind es, die in den letzten Jahren einen regelrechten Siegeszug auf den Friedhöfen angetreten haben. Ihre kleine Blumen sind zwar nicht so farbintensiv wie die der großen Schwestern, doch dafür sind 15, 20 oder mehr Blumen an einer Pflanze eher die Regel als die Ausnahme. Diese Eigenschaft macht die Kleinen wetterfester: Selbst nach einem starken Regen oder Sturm bleiben immer noch genug Blüten an

Verschiedene Größen und Farben von Stiefmütterchen auf einem gemischten Beet mit gelben Ranunkeln.

der Pflanze, um die gewünschte Farbwirkung zu erzielen. Auch an heißen Tagen strecken sich diese Sorten nicht so intensiv in die Länge – sie bleiben kompakt und sind deshalb für die Grabbepflanzung bestens geeignet. Die **großblumigen Stiefmütterchen** bringen mit ihren leuchtenden Blüten mehr Farbe auf das Grab als ihre kleinen Schwestern. Doch ein starker Regen oder Sturm kann einzelne Blüten so beschädigen, dass sie ihren Zierwert verlieren. Da die einzelne Pflanze weniger Blüten hat, fehlt es dann manchmal an Farbe. Doch die Frühlingsblüher sind schnell in der Entwicklung – dieses Manko machen die Großen mit zügiger Nachblüte wieder wett. Das Beet mit großen Stiefmütterchen kommt dann am besten zur Geltung, wenn man alle Blüten in Richtung des Betrachters ausrichtet. Sehr reizvoll kann eine farblich gut abgestimmte Mischung aus klein- und großblumigen Stiefmütterchen sein.

Viele der modernen Stiefmütterchen-Sorten sind **Hybriden.** Sie bilden selten Samen aus, blühen dafür aber intensiver und behalten ihre schöne Wuchsform länger. Selbst starke Spätfröste können ihnen wenig anhaben.

Vergissmeinnicht und Gänseblümchen

Das Vergissmeinnicht *(Myosotis sylvatica)* ist mit seinem Namen eine wichtige Symbolpflanze im Frühling. Dazu kommt noch das schöne Hellblau der kleinen Blüten, das sich gut mit anderen Pastellfarben kombinieren lässt. Mittlerweile sind auch gute Sorten in den Farben Rosa und Weiß auf dem Markt. Vergissmeinnicht sind nicht ganz so robust und ausdauernd wie Stiefmütterchen – deshalb bieten sie sich für die Verwendung in gemischten Beeten, in denen sie überwachsen werden können, an. Trockenheit verkürzt das Leben dieser Pflanzen stark – Vergissmeinnicht lieben feuchtere Böden.

Gänseblümchen *(Bellis perennis),* auch **»Maßliebchen«** oder **»Tausendschön«** genannt, gehören ebenfalls zu den klassischen Frühlingsblumen. Auch hier haben neue robuste Sorten in den letzten Jahren für ein Sortiment gesorgt, das sich ohne Sorge auf dem Friedhof verwenden lässt. Ob Rot, Rosa oder Weiß, ob einfach blühend oder

> Die Frühlingsbepflanzung steht im Vergleich zu den Sommerblumen mit rund drei Monaten nicht sehr lange auf dem Grab – deshalb kann man hier getrost auch einmal mit verschiedenen Pflanzen auf einem Teppichbeet experimentieren.

Vergissmeinnicht und Gänseblümchen gehören zu den Klassikern bei der Frühlingsbepflanzung auf dem Grab.

Ranunkeln sind mit ihren leuchtenden Farben beliebt, die Blüten müssen regelmäßig ausgeputzt werden.

gefüllt – Gänseblümchen bieten sich als Frühlingsbepflanzung auch für kleine Gräber an. Ihre dichten Blattrosetten bleiben flach und trotzen so den Unbilden des launischen Frühlingswetters.

Ranunkeln und Primeln

Ranunkeln gehören mit ihren dicken Blütenköpfen zu den besonders edlen Pflanzen für die Frühlingsbepflanzung auf dem Grab. Im Sonnenlicht schillern die Blüten wie kleine Edelsteine – und bei den Farben bleibt im Bereich von Weiß, Gelb, Rot, Rosa und Lila kaum ein Wunsch offen. Ranunkeln werden gern als Monobeet wie auch für gemischte Pflanzungen oder Teppichbeete verwendet. In feuchten Frühjahren kann es mit den dicken Blütenköpfen Probleme geben – zu viel Nässe sorgt hier für Fäulnis. Ranunkeln vertragen Kälte recht gut, doch eigentlich sind sie Kinder der Sonne, die auch im Frühling einen warmen und leicht geschützten Platz haben möchten. Wegen der Größe der Pflanzen und ihrer Blüten eignen sich Ranunkeln nicht für kleine Gräber.

Die **Primel** *(Primula acaulis)* eignet sich ebenfalls für die Frühlingsbepflanzung. Bei der Auswahl der Sorten ist vor allem darauf zu achten, dass nicht die extrem früh blühenden Varianten zum Zuge kommen, die bereits Anfang Januar blühen. Spät blühende Sorten halten auf dem Grab länger durch. Wie bei den Stiefmütterchen gilt auch hier: Sorten mit kleinen Blüten sind unempfindlicher als die großblumigen Vertreter der Art. In der Praxis stehen die stängellosen Primeln, die in der Mitte der Blattrosette einen kräftig gefärbten Blütentuff bilden, im Vordergrund. Von der Schönheit der Farben her sind Primeln immer erste Wahl – in nassen und kalten Jahren tun sie sich jedoch schwer. Doch als Farbakzent in einem gemischten Beet oder als fröhlicher Farbtupfer in einer Schale kann man auf Primeln kaum verzichten.

In der Natur wachsen Tulpe und Co selten als Einzelpflanzen – entsprechend sollte man sie auch auf dem Grab in kleineren Tuffs verwenden.

Zwiebelblumen

Tulpe, Hyazinthe, Narzisse und Co. gehören zum Frühling wie die ersten Sonnenstrahlen. Doch für eine dauerhafte Frühlingsbepflanzung auf dem Grab eignen sie sich wegen ihrer recht kurzen Blütezeit nicht. In gemischten Beeten und bei Teppichbeeten lassen sich mit den leuchtenden Zwiebelblumen jedoch schöne Akzente setzen. Verwendet werden hierfür vorgetriebene Zwiebeln, die mitt-

Blaue Traubenhyazinthen, hübsch in einer Schale arrangiert.

Das leuchtende Gelb der Narzissen bringt den Frühling auf jedes Grab.

lerweile in vielen Varianten angeboten werden.
Ein schöner Effekt lässt sich mit Tulpen und Narzissen erzielen, wenn man sie zum Beispiel mit Stiefmütterchen kombiniert. Beim Pflanzen des Wechselbeetes werden die Zwiebelblumen – es dürfen gern etwas höher wachsende sein – direkt zwischen die Stiefmütterchen gepflanzt. Wenn die Zwiebelblumen nach einigen Wochen verblüht sind, schneidet man die welken Stiele zurück. Jetzt sorgen die Stiefmütterchen allein für Farbe, das Laub der Zwiebelblumen kann bis zum Wechsel zu den Sommerblumen im Beet bleiben. Tulpen und Narzissen bieten sich für dieses Verfahren an, die Stiele von Hyazinthen sind dafür in der Regel nicht lang genug.
Eine weitere Variante ist eine **separate Pflanzschale** für die Blumenzwiebeln, die zum Beispiel auf einem Trittstein stehen kann. Zu einer »Grundbepflanzung« aus Efeu kann man dann Blumenzwiebeln nach Wahl setzen, Moos sorgt in der Schale anstelle der sonst üblichen Erde für genügend Feuchtigkeit. Die Zwiebeln lassen sich so ohne großen Aufwand austauschen – bis in den April hinein werden die schnell blühfähigen Zwiebeln angeboten.

Blattschmuck-Pflanzen

Wer sich im Frühling an ein Teppichbeet wagt, braucht auch grüne Pflanzen. Das können zum einen die vorgetriebenen Stauden sein, deren Laub nach der Blüte schön ist. Doch auch **Immergrüne** wie Efeu oder **Nadelgehölze** im Mini-Format eignen sich. Bei der Auswahl der Pflanzen sollten Varianten mit hellen Grüntönen bevorzugt werden, die sich an die hellen Farben der Frühlingsblumen anpassen.

Farbenfroher Sommer

Der Sommer ist auf dem Friedhof die Saison der kräftigen Farben. Die Pflanzen-Auswahl ist riesig und wird von Jahr zu Jahr durch neue Züchtungen ergänzt. Anders als im Frühling und Herbst spielt jetzt der Standort eine wichtige Rolle – schließlich sollen die Pflanzen rund fünf Monate ein attraktives Bild bieten. Deshalb muss auch die Auswahl der Pflanzen mit besonderer Sorgfalt vorgenommen werden. Bei den Arten haben sich die Begonien durchgesetzt – doch auch viele andere Pflanzen können im Sommer einen farbenfrohen Akzent auf dem Grab setzen.

Eisbegonie ○–◑*

Die Eisbegonie *(Begonia × semperflorens)* ist zur Zeit die am häufigsten verwendete Pflanze auf dem sommerlichen Wechselbeet. Die kleinen Begonien gehören zu den besonders dankbaren Blühern, was ihnen in manchen Regionen auch die Namen **»Tausendschön«** oder **»Ewige Liebe«** eingetragen hat. Bei den Sorten unterscheiden Fachleute zwischen grün- und braunlaubigen Varianten. Die

* Symbolerklärungen Seite 57

braunlaubigen Sorten eignen sich besonders gut für Standorte im Halbschatten, wo sie mit dem schönen Kontrast zwischen dunklem Laub und leuchtender Blüte auch an dunkleren Stellen für Farbe sorgen. Die grünlaubigen Eisbegonien sind Kinder der Sonne, sie vertragen auch sehr heiße Temperaturen ohne Probleme. Eisbegonien gibt es mit den Blütenfarben Weiß, Rosa und Rot. Besondere Effekte lassen sich mit zweifarbigen Varianten erzielen.
Die Pflege beschränkt sich auf gelegentliches Ausputzen von verblühten Trieben. Werden die Pflanzen im Laufe des Sommers zu lang, vertragen Eisbegonien einen kräftigen Rückschnitt. Stutzt man sie Ende Juli auf ungefähr 10 cm Länge, treiben sie bald wieder aus und bilden dann wieder ein kompaktes Blütenkissen.

Die vielen verschiedenen Farbtöne laden auf dem Wechselbeet zum Mischen und Ausprobieren ein – Monobeete mit Eisbegonien müssen nicht langweilig sein.

Elatior-Begonie ○–◑

Die Elatior-Begonie hat der Knollenbegonie in den letzten Jahren den Rang auf den Gräbern abgelaufen. Die bekannten Topfpflanzen machen sich auf den Gräbern erstaunlich gut und gefallen mit einer schönen Farbpalette, zu der mit Gelb auch die Sommerfarbe schlechthin gehört. Elatior-Begonien gehören zu den pflegeleichten Dauerblühern. Wegen der Pflanzengröße sollte man sie jedoch nicht auf Urnengräber pflanzen.
Beim Kauf von Elatior-Begonien ist unbedingt auf einen **kompakten Pflanzenaufbau** zu achten – weiche und zu große Pflanzen fallen schnell auseinander und bieten dann kein schönes Bild mehr. Bei den Elatior-Begonien beschränkt sich die Pflege auf gelegentliches Ausputzen der Blüten.

Knollenbegonie ◑

Die Knollenbegonien sind die dritten im Bunde der Begonien für die Sommerbepflanzung auf dem Friedhof. Große leuchtende Blüten und das ausgeprägte »Gesicht« kennzeichnen die Knollenbegonien. Sie kommen auf dem Wechselbeet nur dann

Begonien wie diese auf dem gemischten Beet gehören zu den besonders ausdauernden Sommerblumen.

gut zur Geltung, wenn man beim Pflanzen diesen **einseitigen Wuchs** berücksichtigt. Aufgrund ihrer Größe eignen sich Knollenbegonien nicht für Urnengräber.
Bei den Farben steht die gesamte Palette von Weiß über Gelb, Rosa und Rot zu Wahl. Neben den klassischen gefüllt blühenden Knollenbegonien sind Sorten mit einfacher Blüte auf dem Markt. Sie gibt es in der Farbkombination Weiß mit rotem Rand oder gelb-orange geflammt. Beide Sorten gehören zu den dankbaren Blühern auf dem Grab, die mit ihren einfachen aber großen Blüten für

Oben links:
Leuchtend gelbe Knollenbegonien in einem gemischten Beet mit Silberblatt und Lobelien als Rand.
Oben rechts:
Fuchsien schmücken das Wechselbeet mit schönem Laub selbst in einer gelegentlich auftretenden Blühpause.
Unten:
Elatior-Begonien sind ausdauernde Freilandpflanzen. Werden Minipflanzen verwendet, lassen sich mit diesen Begonien auch so feine Muster wie hier pflanzen.

Farbe sorgen. Bei den Knollenbegonien reicht als Pflege ein gelegentliches Ausputzen der Blüten, Krankheiten wie der gefürchtete Mehltau haben bei modernen Sorten ihren Schrecken verloren, weil diese Varianten zumindest Toleranzen gegen den Pilz aufweisen.

Park-Begonie ○–◑

Neu im Sortiment ist eine zur Gruppe der wüchsigeren Park-Begonien gehörende Sorte namens **'Dragon Wing'.** Sie erreicht schnell eine Höhe von 30–40 cm und mehr, besticht jedoch mit einem lang anhaltenden, leuchtend roten Blütenflor und schönem Laub. Mit dieser Größe ist 'Dragon Wing' wie andere Park-Begonien, die gelegentlich auf Friedhöfen verwendet werden, eine Alternative für sehr große Wahlgräber mit entsprechenden Abmessungen. Gern werden diese Pflanzen als Mittelpunkt in Strukturbeete gepflanzt, auf denen sie schnell zum vielbeachteten Star mit reichem Blütenflor heranwachsen.

Fleißiges Lieschen ◑–●

Das Fleißige Lieschen *(Impatiens walleriana)* macht seinem Namen mit einem sommerlangen Blütenflor alle Ehre. Die krautigen Pflanzen gibt es mit Blüten in einer großen Farbpalette – blaue Töne fehlen jedoch. Fleißige Lieschen sind Schattenpflanzen – in der Sonne kann man mit ihnen nur dann Erfolg haben, wenn sie an heißen Tagen täglich gegossen werden.
Neu und bestens für die Grabbepflanzung geeignet sind **Mini-Sorten.** Für Urnengräber bilden sie eine schöne Alternative, die von den Proportionen her sehr gut auf die kleinen Gräber passt.

Edellieschen, als Minipflanzen verwendet, eignen sich auch für die Sommerbepflanzung von Urnengräbern.

Bei größeren Gräbern bieten sich die kleinen Fleißigen Lieschen als dauerblühende Mischung an. Und wer es versuchen möchte, kann diese Gewächse auch für das Pflanzen von **Mustern** auf dem Beet nutzen. Da die kleinen Lieschen nicht so stark wachsen wie ihre großen Schwestern, behalten diese Muster ihre Form während des ganzen Sommers.
Fleißige Lieschen sind pflegeleicht, verblühte Blumen werden einfach überwachsen. Werden vor allem die Großen in warmen und regnerischen Sommern zu lang, kann man sie auf ungefähr ein Drittel der Pflanzenlänge stutzen und so einen kompakten Neuaufbau erhalten. Fleißige Lieschen nicht zusätzlich düngen, sonst machen sie ihrem Namen auch in Sachen Wuchskraft alle Ehre.
Das Fleißige Lieschen ist ein Gast aus den Tropen – **Frost** verträgt es nicht, deshalb sollte es frühestens Mitte Mai auf das Grab gepflanzt werden.

Die gefüllte Blüte ist eine Variante des Fleißigen Lieschens, das Schatten und Halbschatten mag.

Edel-Lieschen ○–◑

Die große Variante der Lieschen sind die Edel-Lieschen *(Impatiens* Neuguinea-Grp.). Edel-Lieschen gefallen mit großen Blüten in leuchtenden Farben und mit sehr schönem, manchmal auch attraktiv gemustertem Laub. In feuchten und kalten Sommern können die edlen Pflanzen Blühpausen einlegen, gleiches gilt für Standorte im tiefen Schatten. Soviel Schönheit braucht einfach ein gewisses Maß an **Licht und Wärme.**
Wegen ihrer Größe sind diese Pflanzen nicht für Urnengräber geeignet. Edel-Lieschen sind pflegeleicht, beim wöchentlichen Besuch auf dem Friedhof sollten lediglich die verblühten Blumen abgesammelt werden. Werden sie zu lang, können die Triebspitzen gestutzt werden, damit sich die Pflanzen von der Basis her besser verzweigen. Edel-Lieschen sind sehr **frostempfindlich,** die Pflanzung sollte deshalb erst Anfang Juni erfolgen.

Kalanchoe ○

Den leuchtend roten Blüten verdankt die Kalanchoe ihren deutschen Namen **»Flammendes Käthchen«**. Noch ist es bei uns als lang blühende Zimmerpflanze bekannter – auf Gräbern hat es sich in den letzten Jahren jedoch sehr bewährt. Kalanchoe gehören zu den sukkulenten Pflanzen, die in ihrem ganzen Körper Wasser speichern. Mit ihren dicken fleischigen Blättern sind sie Kinder der Sonne. Im Schatten und Halbschatten kümmern Kalanchoe nur vor sich hin.
Dank des von der Natur eingebauten Wasservorrates vertragen Kalanchoe auch extrem heiße Standorte wie zum Beispiel das Wechselbeet auf einem Grab mit einer sehr breiten Steineinfassung. In sehr heißen Sommern verfärbt sich das Laub der Pflanzen zudem zu einem attraktiven Braun-rot. Als Blütenfarben stehen das typisch leuchtende Rot, Gelb, Orange, Rosa und neuerdings auch Weiß zur Verfügung. Kalte und regnerische Sommer können zum Versagen führen, **Frost** verträgt es ebenfalls nicht. Deshalb sollten Kalanchoe nicht vor Anfang Juni auf das Grab gepflanzt werden. Die Pflege beschränkt sich auf das Abschneiden der alten Blütenstände.

Flammende Käthchen setzen als Minipflanzen farbige Akzente auf diesem Urnengrab. In Blühpausen gefällt das schön gefärbte Laub.

Fuchsie ◑–●

Neben den Knollenbegonien sind Fuchsien *(Fuchsia)* die Klassiker für Gräber im Schatten. Fuchsien sind genügsam, blühen beständig während des ganzen Sommers und brauchen wenig Pflege. Beim Kauf der Fuchsien unbedingt darauf achten, dass die Pflanzen nicht zu stark verholzt sind – nur Pflanzen mit genügend Wuchskraft entwickeln sich gut auf dem Grab.
Fuchsien sind aufgrund ihrer Größe nicht für Urnengräber geeignet. Für die Grabbepflanzung sind die stehenden Varianten den hängenden vorzuziehen. Fuchsien stellen nur wenige Ansprüche an die Pflege, sie vertragen jedoch keine Trockenheit.

Fuchsien in einem Beet mit Edellieschen, Begonien und Lobelien als gute Kombination für einen halbschattigen Platz.

Geranien eignen sich wegen ihres Formates nur für große Gräber mit großen Wechselbeeten. Hier sorgt Indisches Blumenrohr *(Canna indica)* für zusätzliche Struktur.

Geranie ○

Geranien *(Pelargonium zonale)* gehören ebenfalls zu den beliebten Sommerblumen für den Friedhof. Wer in diesem riesigen Sortiment nach einer pflegeleichten Variante sucht, wählt Geranien mit **einfachen Blüten,** die sich selbst putzen. Sorten mit extrem großen und gefüllten Blütenbällen sind für Gräber nicht so gut geeignet, sie trocken nach Regenfällen nur langsam ab und beginnen dann oft zu faulen. Wichtig für den Erfolg auf dem Grab ist es, Sorten zu wählen, die kompakt wachsen – die Größe der oft gemusterten Blätter gibt hier beim Kauf einen guten Anhaltspunkt.

Die stehenden Varianten sind den hängenden bei der Grabbepflanzung vorzuziehen. Bei den Blütenfarben ist die gesamte Palette von Weiß über Rosa bis Rot und Lila im Angebot. In nassen und kalten Sommern können Geranien auf dem Grab versagen – sie sind und bleiben als Südafrikanerinnen Pflanzen der **Sonne** und der **Wärme. Frost** vertragen sie nicht. Bei der Pflege sollten die abgeblühten Stiele ausgebrochen werden, wer sich für gefüllt blühende Varianten entschieden hat, sollte diese Arbeit einmal in der Woche einplanen.

Schmuckblatt-Geranie ○–◑

Das Sortiment der Schmuckblatt-Geranien ist in den letzten Jahren stark gewachsen. Jetzt stehen auch für die Grabbepflanzung kompakte Sorten mit interessant **gemustertem Laub** zur Verfügung. Häufig sieht man die in der Regel blütenlosen Varianten in Teppichbeeten. Doch die schönen Blattmuster sind so attraktiv, dass man diese Geranien auch auf einem Monobeet verwenden kann. Schmuckblatt-Geranien sind pflegeleicht, und da sie nicht blühen, entfällt bei ihnen auch das Ausputzen.

Rosen ○

Topfrosen, die mittlerweile in vielen Farben und Formen angeboten werden, eignen sich leider nur bedingt für die sommerliche Grabbepflanzung. Die kleinen Gehölze sind, wie es sich für die Königin der Blumen gehört, sehr anspruchsvoll. Rosen brauchen Licht und Wärme, das Wechselbeet sollte deshalb an einem sonnigen Standort liegen. In kalten und nassen Sommern können die Rosen versagen, in einem heißen Jahr ist die regelmäßige Wasserversorgung ein absolutes Muss.

Geraten Rosen unter Stress durch Trockenheit oder Nässe, sind sie recht empfänglich für Krankheiten und Schädlinge. Wer es mit der Symbolpflanzen schlechthin doch einmal auf dem Grab versuchen möchte, sollte Rosen mit kleinen Kräutern oder Gräsern kombinieren. Wenn sich Rosen auf so einem gemischten Beet einmal nicht in Hochform präsentieren, macht die Pflanzung trotzdem einen guten und gepflegten Eindruck. Die Pflege beschränkt sich bei Rosen auf dem Grab auf das Abschneiden der verblühten Blumen.

Topfrosen brauchen sonnige Standorte und einen warmen, trockenen Sommer, sonst versagen sie schnell.

Sommerblumen, gekonnt gemischt

Die bisher genannten Arten haben sich wegen langer Blüte, kompaktem Wuchs und einfacher Pflege auf den Friedhöfen durchgesetzt. Wem jedoch das Monobeet auf Dauer zu eintönig ist, der kann es mal mit folgenden Mischungen versuchen. **Männertreu** *(Lobelia erinus)* gefallen mit den leuchtend blauen Blüten – leider sind die Pflanzen jedoch recht kurzlebig. Wer das schöne Blau mag und vielleicht auch an der Symbolik des Namens Gefallen findet, kombiniert Männertreu als blauen Ring oder Rand des Beetes zum Beispiel mit **Begonien** oder **Geranien.** Ist die Zeit der Männertreu abgelaufen, entfernt man sie einfach – die wüchsigeren Begonien oder Geranien schließen die kleinen Lücken schnell. Mit dem **Leberbalsam** *(Ageratum houstonianum)* gibt es eine weitere kurzlebigere, blau blühende Sommerblume, die sich für Kombinationen dieser Art gut eignet. Da der Leberbalsam etwas größer ist als Männertreu, kann man ihn auch in das Wechselbeet pflanzen. Werden die »Hauptpersonen« auf dem Beet dann größer, ist die Zeit des Leberbalsams abgelaufen.

Leberbalsam bildet hier die Hauptbepflanzung, die von Eisbegonien mit dunklem Laub eingerahmt wird.

Das leuchtende Gelb der Kalanchoe wird von den farblich passenden Buntnesseln am Rand unterstrichen.

Gekonnt gepflanztes gemischtes Sommerbeet mit feiner Abstimmung in weißen und grünen Tönen.

Viele verschiedene Sommerblumen sind auf Gräbern zu sehen – doch oft bringt erst die gekonnte Mischung den Erfolg.
Viele Sommerblumen sorgen alljährlich in Kästen und auf Beeten mit rasantem Wachstum für Furore – doch bei der Grabbepflanzung ist genau das nicht gewünscht, weil sonst schnell die Proportionen der Bepflanzung nicht mehr stimmen.

Ähnlich kann man mit der klein bleibenden, leuchtend gelb oder orange blühenden **Studenten- oder Sammetblume** *(Tagetes patula)* verfahren.
Pflanzen wie die immer beliebteren **Kapmargeriten** *(Osteospermum)* können hin und wieder Blühpausen einlegen. Wer trotzdem für Farbe auf dem Grab sorgen möchte, kombiniert diese Pflanzen mit Blattschmuck-Gewächsen wie zum Beispiel **buntblättrigen Geranien.**

Stauden für eine Saison

Stauden, die eigentlich zu den mehrjährigen Gewächsen gehören, werden mittlerweile auch wie einjährige Pflanzen kultiviert. **Neue Züchtungen** lassen Sonnenhut, Lobelie oder auch Rittersporn schon im ersten Jahr intensiv blühen – und damit werden diese Gewächse auch für die Grabbepflanzung interessant.
Ein gutes Beispiel dafür sind die **Sonnenhüte** *(Rudbeckia)*. Mit einer Höhe von bis zu 40 cm bleiben die kleinsten von ihnen recht kompakt – für größere Gräber sind sie mit ihren leuchtend gelben Blüten deshalb eine Alternative.
Ein anderes Beispiel sind die leuchtend rot blühenden **Lobelien** *(Lobelia fulgens)*, die mit bis zu 70 cm Höhe jedoch so manches Maß auf dem Grab sprengen würden. Auf großen Gräbern sieht man diese Schönheiten gelegentlich in gemischten Beeten als weithin leuchtende »Leitpflanzen«. Stauden für eine Saison sind ein Angebot für Experimentierfreudige – oder einfach für die Besitzer von großen Gräbern.

Sonnenhüte setzen als Stauden für einen Sommer auf diesem einstelligen Wahlgrab ungewöhnliche Akzente.

Kombinationen für Teppichbeete

Mit der großen Auswahl an Pflanzen bietet der Sommer viele Möglichkeiten für die Gestaltung von Teppich- oder Strukturbeeten. Eine Idee wäre zum Beispiel ein Beet, das mit **Kräutern** bepflanzt wird. Aus dem großen Angebot im Frühsommer sollte man sich die flach wachsenden Kräuter, wie zum Beispiel die Polstervarianten, heraussuchen. Viele von ihnen bringen im Laufe des Sommers attraktive Blüten hervor. Als Standort wäre ein Beet in sonniger oder halbschattiger Lage ideal für Kräuter. Weiter bieten sich an: **Steingartenstauden** wie die Glockenblumen, die im Halbschatten oder in der Sonne mit Kies und kleinen Steinen kombiniert werden, oder eine bunte Mischung aus kompakt wachsenden Sommerblumen mit kleinen **Gräsern** für einen halbschattigen oder sonnigen Standort.
Ausgeprägte Strukturbeete, wie sie zum Beispiel im Ruhrgebiet zu sehen sind, bilden eine besondere Kategorie der Teppichbeete. Häufig werden diese Beete mit Hilfe von **Echeverien** unterteilt, deren attraktive Blattrosetten bereits für Aufmerksamkeit sorgen. Die Echevrien lassen sich ohne großen Aufwand an einem kühlen und hellen Ort frostgeschützt überwintern und dann im nächsten Jahr wieder verwenden. Als eigentliche Bepflanzung sieht man dann oft das buntlaubige **Papageienblatt** *(Alternanthera)*, das kompakt

Teppichbeete aus Papageienblatt, Echeverien und der Mischung aus Sommerblumen sind sehr beliebt. Sie sollten im Sommer geschnitten werden, um die Form zu erhalten.

Nicht auf jedem Friedhof kann man Gießkannen leihen oder anketten. Neu auf dem Markt sind faltbare Exemplare aus Kunststoff, die sich einfach transportieren lassen und nicht viel wiegen.

Buntnesseln lassen sich dank ihres unterschiedlichen Farbspiels zu vielen Sommerblumen kombinieren.

bleibt und mit Rückschnitten im Zaum zu halten ist. Als Mittelpunkt bietet sich ein blühender Tuff **Begonien, Männertreu** und **Edel-Lieschen** an.

Anders als auf dem Balkon ist die Grabbepflanzung dem launischen Aprilwetter und den letzten Nachtfrösten rund um die Eisheiligen ohne Schutz ausgesetzt. Vor dem 15. Mai sollten deshalb keine Sommerblumen gepflanzt werden – die modernen Sorten der Frühlingsblumen halten solange durch.

Hoch wachsende Pflanzen wie zum Beispiel die elegante **Grünlilie** *(Chlorophytum)* könnten auf einem größeren Beet eingesetzt werden, um die Proportionen zu wahren und das Pflanzbeet nicht zu flach wirken zu lassen. Für die kleinen Urnengräber sind Teppichbeete in aller Regel nicht geeignet.

Blattschmuck-Pflanzen

Neben den bereits genannten wie dem **Papageienblatt** und den **Schmuckblatt-Pelargonien** bieten sich viele andere Gewächse an, um mit **dekorativem Laub** Farbe in die Sommerbepflanzung zu bringen. Neue und kompakte Sorten der **Buntnessel** *(Solenostemon scutellarioides)* bieten sich ebenso an wie **Efeu** *(Hedera)*, Gräser oder Grünlilien. Gern werden heute auch kompakt wachsende **Stauden** als Blattschmuck-Pflanzen in Teppichbeeten verwendet – ihre Blüten betrachtet man dann als Zugabe. **Lavendel** mit seinem grau-grünen Laub ist ein gutes Beispiel dafür. Für Gräber in schattiger oder halbschattiger Lage sollte man die **Farne** nicht vergessen, von denen viele kleine mit schönem Laub ebenfalls geeignet sind.

Besondere Probleme im Sommer

Das häufigste Problem bei der sommerlichen Wechselbepflanzung ist die Wahl **unpassender Pflanzen** für den jeweiligen Standort. Knollenbegonien bekommen in der vollen Sonne schon einmal Sonnenbrand, Kalanchoe bleiben im Schatten in ihrer Entwicklung einfach stehen und blühen dann nicht mehr. Wer Gewächse ausgesucht hat, die zu groß werden, dem hilft nur der beherzte Griff zur Schere. Viele Sommerblumen lassen sich stutzen und so wenigstens das wildeste Wachstum im Zaum halten. Doch die Schönheit des Beetes leidet bei den meisten deutlich darunter – die wenigen Ausnahmen sind bei den jeweiligen Pflanzen vermerkt.
In sehr heißen Sommern kann das **Gießen** ein Problem sein. Grundsätzlich gilt: Morgens oder Vormittags die Pflanzen gründlich und durchdringend wässern. Beim Giessen in der Mittagszeit besteht im Sommer immer die Gefahr von **Verbrennungen.** Wer das Giessen in den Abend verlegt, verhindert, dass die Pflanzen bis zur kühleren Nacht ausreichend abtrocknen – Filze und Schnecken können so gefördert werden.

Intensiver Herbst

Der Herbst ist die Saison der intensiven, satten Farben. Das schließt Leuchtkraft nicht aus, doch im Vergleich zum Frühling und Sommer sind die Farben des Herbstes weicher. Neben den Heidepflanzen und den Chrysanthemen, die nach wie vor Klassiker für das herbstliche Wechselbeet sind, spielen heute die Alpenveilchen eine wichtige Rolle auf den Friedhöfen.
Der Herbst ist die Jahreszeit der Teppich- und Sturkturbeete – Blattschmuck-Pflanzen und Accessoires sind jetzt wichtige Bestandteile der Kreationen auf dem Wechselbeet.

Gut strukturiertes Herbstbeet mit Heidepflanzen, Silberblatt und Salbei. Für noch mehr Farbe sorgen die aufgelegten Chrysanthemen-Blüten.

Die Pflanzzeit

Ende September beginnt der Herbst auf den Friedhöfen. Die Sommerblumen verlieren jetzt an Kraft, erste Stürme und Regenschauer machen Begonien und Co. dann zu schaffen. Jetzt ist Zeit für den Wechsel der Bepflanzung. Bis in den November hinein soll die Herbstpflanzung auf dem Grab halten, dann folgt die Winterabdeckung. Wegen dieses kurzen Zeitraumes spielt der Standort des Grabes, anders als bei der Sommerbepflanzung, keine Rolle.

Topfheide

Heide gehört zu den Klassikern im Herbst – schließlich fällt die natürliche Blütezeit unserer heimischen Besenheide in den Spätsommer und Herbst. Dann blüht auch die Topfheide mit **intensiv leuchtenden** Farben. Die Topfheide *(Erica gracilis)* ist ein Gast aus Südafrika, sie ist bei uns nicht winterhart. Für die Grabbepflanzung heißt das: Ein paar Grad Frost verträgt die schöne Pflanze, doch den Winter kann sie auf dem Friedhof nicht überleben. Dieses Manko macht die Topfheide mit schönen intensiven Farben wieder wett – Rot, Rosa und Weiß stehen in verschiedenen Nuancen zur Verfügung. Ab September wird die aufrecht wachsende Pflanze angeboten. Wegen ihrer Größe eignet sie sich nicht für die Bepflanzung von Urnengräbern. Wie alle Heidepflanzen verträgt sie keine ausgeprägte Trockenheit. Vor

Oben: Topfheide und Silberblatt.
Unten: Mischung aus Besenheide, Strukturpflanzen und Chrysanthemen.

dem Pflanzen die festen Topfballen deshalb in einem Eimer mit Wasser gründlich tauchen und an warmen Herbstagen die Pflanzen auf dem Beet gießen.

Besenheide

Die Besenheide *(Calluna vulgaris)* hat die Topfheide in den letzten Jahren in der Herbstbepflanzung auf den Friedhöfen deutlich ausgestochen. Einer der Gründe dafür sind **neue Sorten.** Die so genannten »Knospenblüher« sorgen mehrere Monate lang für Farbe auf dem Grab. Bei ihnen blüht die einzelne Blüte kaum auf, sie bleibt im Stadium der Farbe zeigenden Knospe stehen. Weitere Neuheiten sind schöne, intensive Farben im Spektrum von Rosa über Rot bis hin zum Lila. Hinzu kommen Sorten mit attraktiv gefärbtem Laub, bei denen die Blüten manchmal nur eine untergeordnete Rolle spielen.
Die Besenheide bildet flachere Blütenpolster, sie ist damit auch für kleinere Gräber geeignet.

Schneeheide

Ebenfalls winterhart ist die Schneeheide *(Erica carnea)*. Wie ihr deutscher Name schon verrät, blüht sie im Winter ab Februar. Doch schon mit den Knospen sind die Pflanzen attraktiv genug, um auf einem Teppich- oder Strukturbeet wie eine Blattschmuck-Pflanze verwendet zu werden. Die Blüte im Winter ist dann eine Zugabe.
Will man die mehrjährigen Heidepflanzen auf Dauer erhalten, haben sie als so genannte »Moorbeetpflanzen« ganz bestimmte Standortansprüche, die oft nicht einfach zu erfüllen sind. Bei der herbstlichen Wechselbepflanzung spielen diese Ansprüche jedoch keine Rolle.

Alpenveilchen

In den letzten Jahren haben Alpenveilchen *(Cyclamen persicum)* die herbstlichen Friedhöfe regelrecht erobert. Das hat gute Gründe: Alpenveilchen mögen die kühlen Temperaturen, sie vertragen auch die ersten leichten Fröste ohne Probleme. Dazu bieten sie mit leuchtenden Blüten und einem sehr großen Sortiment Möglichkeiten für fast jedes Grab.
Die **klein- und mittelblumigen Sorten** sind für die Grabbepflanzung bestens geeignet. Ihnen machen Herbststürme und Regen

weniger aus als den Sorten mit den großen Blüten. Mini-Alpenveilchen passen nicht nur auf Urnengräber, sie sind auch in den Teppichbeeten oft der farbige Akzent. Alpenveilchen blühen im Freien über Monate hinweg, wenn man sie ein wenig pflegt. Trockenheit vertragen diese Schönheiten nicht gut.
Wichtig bei der Pflege ist das wöchentliche Ausputzen der verblühten Blüten – die Stiele müssen an der Basis der Knolle ausgezupft werden, damit sich keine Fäulnis bilden kann. Deshalb sollten Alpenveilchen möglichst auch nicht »über Kopf« gegossen werden.

Chrysantheme

Lange Zeit waren die Chrysanthemen neben der Heide die Klassiker der Herbstbepflanzung auf dem Grab. Neue Sorten brachten in den letzten Jahren wieder frischen Wind in das Sortiment. In einigen Regionen haben die großblumigen Chrysanthemen mit dicken, leuchtenden Blütenbällen immer noch Tradition. Sie bringen Farbe auf die Gräber, passen wegen ihrer Größe jedoch nicht auf kleine Gräber. Doch die Auswahl ist groß – sie reicht mittlerweile von kompakt wachsenden Sorten, die dicke Blütenkissen bilden, bis hin zu den Garten-Chrysanthemen, die in großen Töpfen angeboten werden. Sie sind nur für sehr große Gräber geeignet.
Gelegentliches Ausputzen der verblühten Blumen ist die wichtigste Pflegearbeit bei den Chrysanthemen. Chrysanthemen halten in der Regel vier bis sechs Wochen auf dem Grab – gerne werden sie deshalb auch in gemischten Beeten oder Teppichbeeten verwendet, wo sie zu Beginn des Herbstes einen leuchtenden Akzent setzen.

Alpenveilchen gehören zu den neuen dankbaren Pflanzen für die herbstliche Grabgestaltung.

Früchte und Beeren im herbstlichen Beet

Herbstzeit ist Erntezeit – und die spiegelt sich auf den Gräbern mit der Verwendung von Früchten und Beeren wider. Beliebt sind zum Beispiel die kompakt wachsenden **Zierkohlarten,** die mit ihren flachen Blattrosetten gerne in Teppichbeeten verwendet werden. Als Accessoires tauchen hier immer häufiger **Zierkürbisse** auf, mit denen farbige Akzente gesetzt werden können. Auch der **Zierpfeffer** und Zierformen des **Paprika** bieten sich dafür an – im Herbst ist die Auswahl bei diesen Früchten besonders groß. Pflanzen mit schönen Beeren passen ebenfalls gut in die Herbstbepflanzung. Eine dieser Pflanzen ist die **Torfmyrte** *(Pernettya mucronata)*. Die kompakten Pflanzen bilden dicke Beeren

Sorgfältig gepflanzter Tropfen aus leuchtenden Chrysanthemen und Silberblatt als Randbepflanzung.

Heidearten, Gräser, Strukturpflanzen, Moose und Pernettien machen das Teppichbeet aus. Je vielfältiger die Pflanzen in einem Farbbereich sind, desto besser kommt das Beet zur Geltung.

in Weiß und verschiedenen Rosatönen aus, die auf dem Grab lange halten. Mit leuchtend roten Beeren wartet die **Scheinbeere** *(Gaultheria)* auf.
Zu diesen Beeren bietet sie ein dunkelgrünes, manchmal leicht rot angehauchtes Laub, das ebenfalls gut auf Teppichbeete passt.

Blattschmuck-Pflanzen

Pflanzen mit schön gefärbtem Laub spielen bei der Herbstbepflanzung eine wichtige Rolle. Der Klassiker ist das **Silberblatt** *(Senecio cineraria,* Syn.: *S. bicolor)* mit silbergrauen, samtigen Blättern. Nur aus grauen Trieben scheint das **Wüstengras** *(Calocephalus brownii)* zu bestehen. Es bildet relativ flache Polster, die sich gut in verschiedene Pflanzungen einbauen lassen.
Im Bereich der graulaubigen Pflanzen wird der **Blauschwingel** *(Festuca cinerea)* mit seinen kleinen Gräserhorsten gerne verwendet. Mit buntem Laub und flachem Wuchs bietet sich der **Günsel** *(Ajuga reptans)* an, der mit verschiedenen Farbkombinationen gut in gemischte Pflanzungen passt.
Laub in verschiedenen Farbtönen bieten auch die verschiedenen **Salvien-Sorten** an, die im Herbst im Handel sind. **Skimmie** und **Strauchveronika** werden ebenfalls wie Blattschmuck-Pflanzen verwendet, obwohl beide Blüten ausbilden. Die Strauchveronika *(Hebe armstrongii)* blüht zum Beispiel in den begehrten blauen und violetten Tönen, die in Teppichbeeten gut zu vielen andere Herbstfarben passen. Verschiedene andere *Hebe*-Arten sorgen mit interessant gefärbtem Laub ebenfalls für Abwechslung in herbstlichen Beeten.
Zu den Blattschmuck-Pflanzen für den Herbst muss man auch die **Farne** und verschiedene **Sedum-**Varianten mit attraktiv gefärbtem Laub zählen. Die Auswahl ist groß – auch Ungeübte tun sich deshalb im Herbst mit der Gestaltung eines Teppichbeetes leichter.

Pflanzen gekonnt mischen

Allein die große Auswahl bei den **Heidepflanzen** bietet sich für gemischte Beete an, dazu lassen sich die vielen Farbtöne im Rot- und Rosaspektrum gut aufeinander abstimmen. Die flach wachsende Besenheide kann so zum Beispiel gut mit

Das Gelb der Anjana setzt mit Blattschmuckpflanzen wie Salbei und Günsel einen leuchtenden Akzent.

einer Topfheide in einer kräftigeren Farbe kombiniert werden. Der Klassiker bei der Herbstbepflanzung auf einem gemischten Beet ist die Verbindung von **Silberblatt** als heller Rand und Topfheide. Das etwas flachere **Wüstengras** passt gut als Kombination zur Besenheide. Beide Blattschmuck-Pflanzen lassen sich gut dazu nutzen, Muster in das Wechselbeet zu pflanzen. **Alpenveilchen** und **Chrysanthemen** bieten viele Möglichkeiten für eine gekonnte Mischung. Bei den Alpenveilchen sollte man das häufig attraktiv gemusterte Laub beachten und dafür sorgen, dass es ins rechte Licht gerückt wird.

Kombinationen für Teppichbeete

Mit der großen Pflanzenauswahl im Herbst bietet sich die Gestaltung eines Teppichbeetes an. Bei der **Besenheide** sind so viele Varianten im Angebot, dass man mit Hilfe einiger **Blattschmuck-Pflanzen** allein aus ihnen ein Teppichbeet gestalten könnte. Beliebt sind im Herbst Kombinationen in **Grau-Weiß** – doch hier sollte darauf geachtet werden, dass sie mit den kalten Farben nicht zu hart wirken. Gleiches gilt für das schöne kühle **Blau,** in dem der **Herbst-Enzian** blüht. Seine Farbe kommt in einem Beet mit verschiedenen Blütenpflanzen, wie zum Bespiel den kräftig gefärbten Alpenveilchen, am besten zur Geltung.

Herbstliche Accessoires

Wurzeln und **Zweige** sind für Teppichbeete im Herbst fast unverzichtbar. Wichtig ist, dass dieses Beiwerk von der Größe her auf die gesamten Proportionen des Grabes abgestimmt wird. Früchte wie **Zierkürbis** oder **Kastanie** bieten sich ebenfalls an. Dabei werden Kastanien immer als kleine Tuffs verwendet – und wenn die Farbe zum gesamten Beet passt, dürfen auch die stachligen Fruchtschalen nicht fehlen. **Steine** können bei der Strukturierung eines Teppichbeetes Sinn machen, gleiches gilt für **Rinde,** mit der kleine Flächen im Beet abgedeckt werden, um so den Eindruck der von der Natur abgeschauten Pflanzung noch zu verstärken.

Besondere Probleme im Herbst

Das **Laub** von umliegenden Bäumen kann im Herbst und Winter für Probleme auf dem Grab sorgen. Bleibt die dichte feuchte

Wurzeln sind ein wichtiges Accessoire bei der Gestaltung von Teppich- und Strukturbeeten für den Herbst.

Decke auf den Bodendeckern liegen, können Faulstellen entstehen, die im nächsten Frühjahr mühsam wieder ausgebessert werden müssen. Das Laub sollte deshalb in zwei oder drei Durchgängen abgesammelt werden. Durch starken **Frost** beschädigte Pflanzen ebenfalls entfernen.
Probleme mit Krankheiten und Schädlingen gibt es im Herbst kaum. Da die Pflanzen in dieser Jahreszeit nicht mehr stark wachsen, sind **Pflegearbeiten** wie Rückschnitt nicht erforderlich.

Ein schöner Effekt lässt sich in der Herbstpflanzung erzielen, wenn man zum Beispiel Topfheide mit den dunkelgrünen, glänzenden Blättern der Mahonie kombiniert. Wie ein flacher Kranz an den Rand des Beetes gesteckt, hält die immergrüne Mahonie bis ins Frühjahr hinein.

Winter: Schutz und Dekoration

Ursprünglich wurden Gräber mit Fichtenzweigen abgedeckt, um die Pflanzen vor Frost und Schnee zu schützen. Doch die immer wärmeren Winter machen diese Form des Winterschutzes in den meisten Regionen überflüssig.

Reihengrab mit gekonnter Winterabdeckung aus Blautanne mit eingearbeitetem Kreuz aus grauem Moos.

Bleibt der Winter sehr warm und feucht, können Bodendecker unter der dichten Schutzdecke sogar faulen. Kahle und ungepflegte Flächen sind keine Visitenkarte für ein gepflegtes Grab, deshalb dekoriert man heute gerne das Wechselbeet mit einem Winterschmuck aus Zweigen, Zapfen und Moos. Häufig sieht man diese Abdeckung in Kombination mit einem Dauergesteck.

Die komplette Abdeckung

Fichtenzweige, landläufig auch als **»Tannenzweige«** bezeichnet, sind schon aus Kostengründen für die komplette Abdeckung eines Grabes am besten geeignet. Allein mit der Fichte lassen sich bereits Muster arbeiten, wenn man zum Beispiel die Wuchsrichtung der Nadeln sowie die Vorder- und Rückseite der Zweige beachtet. Wer mehr Farbe auf dem Grab haben möchte, kann zum Beispiel **Blautanne** einfügen, die grau-blau bereifte Nadeln hat.
Wichtig bei einer Komplettabdeckung des Grabes ist, dass die Schicht aus Zweigen dünn bleibt – keine Stelle sollte doppelt abgedeckt werden, da es hier sonst schnell zu Faulstellen kommen kann. Zwischen den Zweigen und den Pflanzen bildet sich ein Luftpolster, das für den eigentlichen Schutz sorgt. Bei zu starker Abdeckung kann die Luft jedoch nicht mehr ungehindert zirkulieren, nach feuchten Tagen trocknen die Pflanzen dann nur noch schlecht ab. Wer Stauden als Bodendecker gewählt hat, sollte sich bei Fachleuten informieren, ob eine Abdeckung überhaupt sinnvoll ist. Nicht alle Stauden vertragen die schützende Decke für den Winter. Fachleute wie die Friedhofsgärtner arbeiten Winterabdeckungen ohne Hilfsmittel. Die Enden der Zweige werden dabei sorgfältig zwischen den Pflanzen in den Boden gesteckt – selbst starker Wind kann einer guten Arbeit kaum etwas anhaben. Zudem kommen Fachleute bei der Winterabdeckung mit wenig Material aus. Bevor man zur Schere greift, um die Zweige in handliche Stück zu zerteilen, sollte man das Aufteilen des Zweiges planen. Geschnitten wird immer leicht schräg, so dass die Schnittstelle von den Nadeln verdeckt wird. Aus einem Zweig mit 25 oder 30 Spitzen schneiden geschickte Profis auf diese Weise leicht das Doppelte an »Spitzen« heraus. Wichtig ist, dass die Spitzen einheitlich groß sind – nur so kann man eine gleichmäßige Abdeckung stecken.

Dekorationen für das Winterbeet

Das abgeräumte Wechselbeet sieht im Winter nicht schön aus, deshalb hat sich in vielen Regionen die Dekoration mit **Zweigen, Zapfen und Moos** durchgesetzt. Wie bei der Abdeckung eines gesamten Grabes werden Spitzen von **immergrünen Nadelgehölzen** für diesen Zweck verwendet. Neben Fichte und Tanne kommen als zusätzliches dekoratives Element die verschiedenen Kiefern zum Einsatz.
Auch mit der grau-grünen **Rentierflechte,** die landläufig als »Islandmoos« bezeichnet wird, lassen sich schöne Effekte erzielen. Das Moos kann man im Fachgeschäft kaufen. Es wird zu kleinen Tuffs mit einem Draht gebündelt. Dabei ist darauf zu achten, dass die beiden Enden des Drahtes lang genug sind, um das Bündel anschließend sicher in der Erde zu verankern. Könner zaubern mit Hilfe von Moos und Zweigen faszinierende Muster auf das winterliche Wechselbeet. Eine zusätzliche Dekoration können **Zapfen** sein. Kiefern und Fichtenzapfen, bei einem Spaziergang im herbstlichen Wald selbst gesammelt, sind eine preiswerte Dekorationsidee. Große Zapfen legt man einfach auf, kleinere werden mit einem dünnen Draht umwickelt, dessen Enden lang genug sein müssen, um im Boden Halt zu finden.

Winterabdeckung mit verschiedenen Nadelgehölzen, die Farbe auf das Grab bringen. Frisch geschnittene Zweige halten bis weit ins nächste Frühjahr hinein.

Ein Dauergesteck einbauen

Bei größeren Gräbern sind die Wechselbeete oft so groß, dass selbst ein üppiges Dauergesteck

Einen Sonderfall bilden Gräber kurz nach der Bestattung, die noch nicht bepflanzt sind. Hier bietet sich eine komplette Abdeckung an, um den frischen Grabhügel zu schützen. Starke Regenfälle können zum Beispiel die Erde auswaschen und hässliche Spuren hinterlassen.

Ein Tonking-Stab zum Aufbinden von Pflanzen leistet gute Dienste zur Befestigung von Dauergestecken. Einfach an unauffälliger Stelle ein Loch in das Gesteck bohren, den Stab einführen und dann tief in die Erde drücken. Wind, Tiere und Langfinger haben dann kaum eine Chance.

Nicht alle Bodendecker vertragen die Abdeckung – der aufgelegte Zapfenkranz ist eine haltbare Dekoration.

nicht ausreicht, um den Boden komplett abzudecken. Eine oder mehrere Runden aus zum Beispiel Fichtenspitzen verstecken den unschönen Übergang. Diese hübsche Abdeckung ist einfach zu arbeiten und eine gute Vorübung für alle, die sich im nächsten Jahr vielleicht selbst an die komplette Abdeckung des Wechselbeetes wagen wollen. Auf diese Art kann man einen schönen Untergrund für alle Formen des Dauergestecks schaffen.
Am einfachsten lässt sich diese Dekoration gestalten, wenn man erst das Dauergesteck auf das Beet legt und seine Form mit einem Stöckchen nachzieht. Dann das Gesteck wieder herunter nehmen und die freien Flächen mit den Zweigspitzen auffüllen. Jetzt nur knapp über den Bodendecker hinaus arbeiten und dabei auch die Form des Wechselbeetes erhalten. Dauergestecke kommen übrigens dann besonders gut zur Geltung, wenn sich ihre Form an die Grundformen auf dem Grab anpasst.

Wichtig: die Abdeckung sichern

Auf einigen Friedhöfen haben sich vor allem Vögel darauf spezialisiert, unter den Grababdeckungen im Winter nach Insekten und Würmern zu suchen, die unter Zweigen und Pflanzen ihr Winterquartier gesucht haben. Die Vögel richten selten große Schäden an den Pflanzen an, doch die Zerstörung einer sorgfältig gestalteten Abdeckung ist ärgerlich. Mit gelegentlichen Schäden wird man leben können, doch große Kolonien von zum Beispiel Saatkrähen können die Abdeckung schnell auseinander pflücken. Hier hilft das Sichern mit feinmaschigen, fast unsichtbaren Netzen. Die Netze, die es im Fachhandel gibt, werden nach der Dekoration über dem Grab ausgebreitet, glatt gezogen und zuerst an den Ecken des Grabes und dann an den Seiten mit kleinen Hölzchen – Reste der Schmuckzweige verwenden – im Boden festgesteckt. Das geht am besten zu zweit.

An den Frost denken

Der Winter ist auch auf dem Friedhof die Jahreszeit der Ruhe. Grabpflege ist jetzt nicht notwendig und kann sich auf das gelegentliche Kontrollieren von Abdeckung oder Dekoration beschränken. Ist strenger Frost zu erwarten, sollten **Vasen** und **Schalen** vom Grab entfernt werden – sie könnten vom Frost zerstört werden. **Schnittblumen**

Gräber strahlen im winterlichen Kleid eine besondere Ruhe und Würde aus. Unter der Schneedecke kann auch starker Frost der Grabbepflanzung kaum etwas anhaben.

brauchen in der kalten Jahreszeit kaum Wasser. Bei Frost werden sie von der Natur selbst konserviert. Rosen oder Tulpen bleiben selbst im gefrorenen Zustand dekorativ.

Klare Wintertage mit Dauerfrost und Sonnenschein, die wir Menschen als besonders schön empfinden, bedeuten für immergrüne Pflanzen Stress. Der Frost verwandelt das Wasser im Boden in Kristalle und die Pflanzen können es mit ihren feinen Wurzeln nicht mehr aufnehmen. In der Wärme der Sonnenstrahlen verdunsten die **immergrünen Pflanzen** jedoch Wasser – Nachschub aus dem Boden ist wegen des Frostes nicht mehr verfügbar und so vertrocknen immer wieder Pflanzen auf dem Grab. Die vermeintlichen Frostschäden sind in der Regel **Trockenschäden.** In Perioden mit viel Frost und Sonnenschein hilft deshalb nur, an den ersten frostfreien Tagen auf dem Grab nach dem Rechten zu schauen und große immergrüne Pflanzen wie zum Beispiel Rhododendron oder Kirschlorbeer zu gießen. Die immergrünen Bodendecker sind vom Vertrocknen im Winter selten betroffen – sie schützen sich innerhalb der dichten Pflanzendecke selbst.

auf einen blick

- Die Saisonbepflanzung mit einjährigen Pflanzen bringt Farbe auf das Grab und bietet die Möglichkeit zum Experimentieren.
- Beete mit einer Pflanzenart sind am einfachsten zu bepflanzen, Fortgeschrittene mischen mehrere Arten zu einem bunten Beet oder kombinieren sie zu einem Teppichbeet.
- Die Auswahl für Frühling, Sommer und Herbst ist riesig – oft geht hier Probieren über Studieren.
- Eine komplette Winterabdeckung ist selten notwendig, einige Bodendecker vertragen sie nicht. Ein mit Tanne geschmücktes Wechselbeet sorgt für ein würdiges Bild auf dem Grab.

Dauerhaftes Grün für jede Jahreszeit

Gehölze und Stauden, die in der Regel immergrün sind, bilden die Grundbepflanzung des Grabes. Einmal gut und mit viel Überlegung ausgewählt, sind diese Pflanzen über acht bis zehn Jahre und mehr die grüne Grundlage der Grabgestaltung.

Die Dauerbepflanzung

Neben dem gestalterischen Aspekt besteht der Sinn einer Dauerbepflanzung darin, das Grab und den Grabhügel vor Witterungseinflüssen zu schützen. Starke Regenfälle können offene Böden leicht auswaschen – Pflanzen mit ihrem dichten Wurzelgeflecht verhindern das. Zudem hat sich im Laufe der Jahre herausgestellt, dass ein komplett bepflanztes Grab deutlich weniger Pflege braucht als eines mit offenem Boden. Wildkräuter haben in einem geschlossenen Bodendecker keine Chance, der lebende Teppich auf dem Grab erspart das lästige Jäten und auch ständiges Giessen, weil die Pflanzendecke dafür sorgt, dass der Boden nicht so schnell austrocknet.

◀ Efeu, Farn und Dickanthere fühlen sich auf dem Grab im Halbschatten wohl und bilden dauerhaftes Grün.

Wichtig: Kenntnis von Standortansprüchen und Pflanzen
Bei der Dauerbepflanzung ist es besonders wichtig, Standortansprüche wie **Licht-** und **Bodenverhältnisse** genau zu prüfen und die **jeweiligen Pflanzen** zu kennen.
Die Wahl der idealen Pflanzen für den jeweiligen Standort sorgt nicht nur dafür, dass sich die **Pflege** in Maßen hält. Sie sorgt für gesunde Pflanzen, die willig wachsen, widerstandsfähig gegen **Krankheiten** sind und unter leichtem **Schädlingsbefall** nicht gleich zusammenbrechen.

Die Rahmenbepflanzung

Sinn der Rahmenbepflanzung ist es, Grabzeichen und Grab miteinander zu verbinden. **Gehölze** und **Stauden** sind hier die Pflanzen der Wahl. Darunter sind auch einige, die nicht immergrün sind, jedoch mit besonders schöner Wuchsform oder ausgeprägter Herbstfärbung bzw. Blüte gefallen. Bei den Stauden kommen in der Rahmenbepflanzung vor allem Gräser und Farne in Betracht – doch auch mit Lavendel oder Funkie lassen sich schöne Effekte erzielen.
Wichtigstes Kriterium für die Wahl der Rahmenbepflanzung ist natürlich wieder der **Standort** der Grabes. Wie der Bodendecker kann eine gut ausgewählte Rahmenbepflanzung auf dem Grab sehr alt werden.

Astilben bilden den ungewöhnlichen Bodendecker im Schatten, der rötliche Ahorn setzt den Farbakzent.

Der mehrfache, sorgfältige Rückschnitt von Buchsbaum und Co. im Sommer ist für viele Gehölze auf dem Grab die Gewähr für ein langes und gesundes Leben.

Das Pflanzen

Vor dem Pflanzen der Bodendecker wird die Rahmenpflanzung eingebracht. Zuerst wird der Boden aufgelockert und mit einer Grunddüngung versehen. Dann Gehölze und Stauden nicht gleich einsetzen, sondern an der geplanten Stelle mit Töpfen und Ballen einsenken, um die Zusammenstellung aus einem Abstand von 2–3m und aus verschiedenen Winkeln und Perspektiven auf sich wirken zu lassen. Jetzt zeigt sich zum Beispiel, ob alle Pflanzen mit ihrem »Gesicht« zum Betrachter stehen. Schon leichte Drehungen können vor allem bei Gehölzen wahre Wunder bewirken und die Schönheit der jeweiligen Pflanze richtig zur Geltung bringen.

Vor dem Einpflanzen alle Gewächse anschauen und dann mit dem »Gesicht« zum Betrachter einsetzen.

Nun wird auch ersichtlich, ob die gewählten Größen untereinander stimmen, Gruppen miteinander harmonieren – kurz, die gesamte Gestaltung lässt sich gut erkennen und, ohne Schäden an den Pflanzen zu verursachen, noch korrigieren. Für dieses Ausprobieren sollte man sich Zeit nehmen – und vielleicht einen Helfer parat haben. Zwei Augenpaare sehen, auch wenn es um die Abstimmung der Rahmenbepflanzung auf dem Grab geht, mehr. Stimmt die Gestaltung, wird gepflanzt.

Die Pflege

Eine für den Standort gut ausgewählte Rahmenbepflanzung kommt mit wenig Pflege aus. Wie der Bodendecker bekommen Gehölze und Stauden im Rahmen im Frühjahr eine Grunddüngung, die als Ernährung für das ganze Jahr reicht.
Die wichtigste Pflegemaßnahme ist auch hier der **Schnitt**, der bei wüchsigen Pflanzen verhindern soll, dass sie zu groß werden. Der beste Zeitpunkt für einen gründlichen Rückschnitt ist der Spätwinter, wenn die Pflanzen noch in der Ruhezeit sind. Blühende Gehölze und Stauden sollten nach der Blüte ausgeputzt werden. Bei Rhododendron zum Beispiel fördert diese Arbeit die nächste Blüte erheblich. Stauden im Herbst vom alten Laub befreien.

Stauden für die Dauerbepflanzung

Stauden, darunter sind auch einige Wintergrüne, eignen sich gut für die Rahmenbepflanzung. Vorsicht ist jedoch bei kleinen Gräbern geboten – *Hosta* und Co. werden für diese Flächen schnell zu groß.

Gräser ○–◑ ♃

Seggen *(Carex)* in verschiedenen Arten und Sorten bieten sich für Gräber in der Sonne und im Halbschatten an, der beste Boden für sie ist leicht feucht. Neben den rein grünen Varianten sind auch weiß-bunte im Angebot, die zusätzliche Akzente setzen können. Seggen bilden schöne dichte Horste, die bei den kleinen Varianten etwa 30 cm hoch werden. Für kleine Gräber sind sie deshalb nicht geeignet. Die Pflege der oft -wintergrünen Gräser beschränkt sich auf den Rückschnitt im Frühjahr.

Farne ◑–● ♃

Sie bieten sich besonders für Gräber im Schatten und Halbschatten an und sind, bis auf wenige Ausnahmen, nicht wintergrün – doch schon der attraktive Austrieb im Frühjahr entschädigt dafür. Farne wirken mit ihren filigranen Wedeln leicht und elegant, zu einem optisch schweren Grabzeichen passen sie deshalb kaum. Die meisten Farne bevorzugen frische, leicht feuchte Böden – sehr trockene Standorte mögen sie selten. Die Pflege beschränkt sich auf das Entfernen des abgestor-benen Laubes im Herbst. Manche Farne wuchern stark, so dass man sie regelmäßig im Wurzelbereich ausdünnen muss.

Erklärungen zu den Symbolen:

Standortangaben und Symbole verschaffen einen schnellen Überblick über die große Menge der Pflanzen.

Lichtansprüche

○ heller, sonniger Standort
◑ halbschattiger Standort
● schattiger Standort

Sonstige Angaben

♃ Staude
G Gehölz
kleine Gräber, Urnengräber
✂ Schnitt nötig

Gräser und Farne sind beim Wahlgrab in schattiger Lage die richtige Wahl. Passen Pflanzen und Standort zusammen, gibt es kaum Probleme bei der Pflege.

Funkien sind als Stauden für die Grabbepflanzung wegen ihrer schönen Blattrosetten beliebt. Ihre Blüten, die im Frühsommer erscheinen, sind als Zugabe zu betrachten.

Funkie ●–◑ ♃

Die Funkien *(Hosta)* sind ebenfalls nicht wintergrün, doch sie bieten eine so große Auswahl mit attraktiven und oft gemusterten Blättern, dass man auf sie kaum verzichten mag. Für Gräber im Schatten und Halbschatten mit leicht feuchten Böden sind Funkien sehr gut geeignet. Die großen Blatthorste passen jedoch schlecht auf kleine Gräber. Von Juni bis September erscheinen an längeren Stielen violette oder weiße Blütenglöckchen – sie sind als Zugabe zu betrachten. Funkien werden am richtigen Standort sehr alt. Die Pflege beschränkt sich bei ihnen auf das Entfernen des abgestorbenen Laubes im Herbst und auf das Abschneiden der alten Blütenstände.

Bergenie ◑ ♃

Die wintergrünen Bergenien *(Bergenia)* besitzen ein schönes Laub, das sich im Winter attraktiv rot färbt. Sie fühlen sich im Halbschatten am wohlsten, passen mit ihrer Höhe von rund 35–40 cm gut zu einem flachen Stein oder können im Vordergrund einen zusätzlichen Akzent setzen. Mit der Blüte im April und Mai gehört die Bergenie zu den sehr früh blühenden Stauden, dann zeigt sie sich mit rosa Blumen von ihrer besten Seite. Wegen ihre relativ großen Blätter passt die Bergenie nicht auf kleinere Gräber. Die Pflege beschränkt sich auf das Abschneiden der alten Blütenstiele, das Laub der Bergenie ist ledrig und robust.

Lavendel ○ ♃ ✂

Der duftende Lavendel *(Lavandula)* braucht einen warmen, sonnigen Standort und mag nährstoffreiche, durchlässige Böden. Das grau-grüne Laub legt der Lavendel auch im Winter nicht ab. Damit ist die Gewürzpflanze aus dem Mittelmeerraum für die Grabgestal-

Die immergrünen Bergenien sorgen an kalten Wintertagen mit rötlich gefärbtem Laub für Farbe.

Sedum sorgt im Frühsommer mit leuchtenden Blüten für Aufsehen. Danach sollte ein Rückschnitt erfolgen, damit die Pflanzen in Form bleiben.

Großwüchsige *Sedum*-Varianten wie die *Sedum*-Telephium-Hybride bringen viel Farbe mit, sollten jedoch nur auf großen Gräbern gepflanzt werden.

tung gut geeignet. Lavendel wird je nach Sorte zwischen 30 und 40 cm hoch. Die tiefvioletten Blüten erscheinen von Juli bis August, nach der Blüte sollten die Pflanzen zurück geschnitten werden. So bleibt der gewünschte kompakte Wuchs erhalten und der Lavendel kann lange auf dem Grab erhalten werden. Außer dem Schnitt braucht er keine besondere Pflege. Schneidet man Lavendel konsequent, kann man mehrere Pflanzen zu einer kleinen Hecke formen, die sich zum Beispiel vor einem großen Grabstein gut macht.

Fetthenne und Hauswurz ○ ♃

Stauden wie die verschiedenen Fetthennen *(Sedum)* oder die Hauswurz *(Sempervivum)* sind vor allem für die Bepflanzung von kleinen Gräbern in sonnigen und warmen Lagen geeignet. Beide Arten gibt es in vielen verschiedenen Varianten, die im Frühsommer attraktive Blüten hervorbringen. Dazu sind sie sehr genügsam, was die Pflege angeht, und halten auch in heißen Sommern ohne Probleme durch. Nur zu starke Nässe mögen diese Stauden mit den dicken Blättern nicht.

Polsterprimel ●–◑ ♃

Die nur etwa 5 cm hoch werdenden Polsterprimeln *(Primula juliae)* sind mit ihrem flachen Wuchs für kleine Gräber in schattigen Lagen und an kühlen Standorten mit feuchten Böden eine gute Alternative. Sie blühen bereits im März und April und breiten sich mit kleinen Ausläufern aus. Polsterprimeln erneuern sich dabei immer wieder selbst. Im Sommer gefallen sie mit den frisch grünen Blattrosetten, die zum Teil auch im Winter zu sehen sind. Diese kleinen Stauden mögen lehmig-

Oben: Die flache Polsterprimel blüht von März bis Mai.
Unten: Schaumblüte im Mai und Juni mit Blüten.

humose Böden, Trockenheit vertragen sie nicht.

Schaumblüte ●–◑ 2

Die Schaumblüte *(Tiarella cordifolia)* mag ebenfalls schattige bis halbschattige Standorte mit frischem, feuchtem Boden. Die kleine Staude wird bis zu 20 cm hoch und macht mit kleinen cremefarbenen Blüten ihrem Namen im Mai und Juni alle Ehre. Die Schaumblüte eignet sich besonders für flächige Pflanzungen, weshalb man sie gelegentlich auch als Bodendecker sieht.

Nadelgehölze für die Rahmenbepflanzung

Sie sind die Klassiker auf den Gräbern und wegen ihrer geringen Ansprüche zu Recht beliebt.

Eibe ●–◑ G ✂

Die Eibe *(Taxus baccata)* ist bei der Grabgestaltung nicht nur wegen ihrer einfachen Pflege so beliebt – die giftige Pflanze gilt von alters her als Totenpflanze. Eiben ziehen schattige bis halbschattige Standorte vor, die Böden sollten nicht zu trocken

Eiben wie diese in aufrechter Säulenform lassen sich gut schneiden und bieten mit vielen Arten und Sorten eine breite Palette für die Grabbepflanzung.

Die Muschelzypresse mit kompaktem und langsamem Wuchs ist für kleine Urnen- und Reihengräber gut geeignet.

sein. Für die Grabgestaltung wird eine große Zahl verschiedener Sorten verwendet, darunter sind auch gelblaubige.
Eiben gehören zu den wenigen Gehölzen, die auch nach einem harten Rückschnitt bis ins alte Holz willig wieder austreiben. Trotzdem sollte man keine stark wachsenden Varianten wählen – starker Schnitt fördert die natürliche Wuchsform und damit Schönheit der Pflanze nicht.
Eiben werden heute gerne auch als **Formschnittpflanzen** verwendet, langsamer Wuchs und williger Austrieb machen diese Verwendung möglich. Im Herbst zieren die weiblichen Eibenpflanzen attraktive rote Beeren. Wer auf sie Wert legt, sollte beim Kauf nach einer weiblichen Pflanze fragen. Eiben brauchen keine besondere Pflege.

Schein-Zypresse ○–◑–● G

Eine fast unüberschaubere Auswahl bieten Schein-Zypressen *(Chamaecyparis)*. Doch viele dieser schönen Nadelgehölze gehören zu den rasanten Wachsern, hier ist beim Kauf besondere Vorsicht geboten. Als Faustregel gilt: Langsam wachsende Arten und Sorten, die für die Grabbepflanzung besonders geeignet sind, sind oft teurer. Sie brauchen länger, um sich in der Baumschule zu entwickeln, und haben deshalb einen entsprechenden Preis. Schein-Zypressen gibt es mit verschiedenen **Nadelfarben**, die Bandbreite reicht von Gelb-grün bis Grau-blau. Damit und mit den geringen Ansprüchen an den Standort haben die Schein-Zypressen die Friedhöfe erobert. Einziges Kriterium für dieses Nadelgehölz ist ein nicht zu trockener Boden.
Neben den aufrecht wachsenden Varianten gibt es Sorten, die sich wie flache Kissen auf dem Grab ausbreiten. Zu ihnen gehört die **Muschel-Zypresse** *(Chamaecyparis obtusa* 'Nana Gracilis'), die auch auf kleinere Gräber passt. Schein- und Muschel-Zypressen brauchen keine besondere Pflege.

Wacholder ○–◑–● G ✂

Der Wacholder *(Juniperus communis)* gilt ebenfalls als Totenpflanze. Schwach wachsende Sorten und geringe Ansprüche an den Standort wie bei der Schein-Zypresse machen den Wacholder so beliebt. Die flach wachsenden Arten können als Bodendecker verwendet werden – wer sich dann noch für Wacholder in der Rahmenbepflanzung entscheidet, geht beim Kombinieren auf Nummer sicher. Wichtig: Sorten mit bläulich gefärbten Nadeln brauchen sonnige Standorte, sie würden im Schatten schnell vergrünen.

Nadelgehölze werden immer wieder als nicht heimisch verteufelt. Doch ganz gleich, woher sie ursprünglich stammen, die heimische Tierwelt sucht in den dicht gewachsenen Nadelgehölzen an kalten Wintertagen auf dem Friedhof besonders gerne Schutz.

Bei den Kiefern bietet sich die attraktive Zwergkiefer für sonnige bis halbschattige Lagen an.

Der Wacholder braucht keine besondere Pflege, bei Bedarf lässt er sich ohne Probleme schneiden.

Zwerg-Kiefer ○–◑ G

Die klein bleibenden Zwerg-Kiefern *(Pinus mugo)* bieten sich als Nadelgehölze für Gräber in der Sonne oder im Halbschatten an. Wie alle Kiefern brauchen auch die kleinen durchlässige Böden, in denen sich die Nässe nicht staut. Viele Sorten werden mittlerweile angeboten, darunter sind auch kleine Stämmchen. Einige der Zwerge sind im Winter mit schönen Zapfen besonders dekorativ. Selbst im Alter werden sie selten über 1 m hoch. Noch kompakter bleiben Zwerg-Kiefern, wenn man den Austrieb im Frühjahr um die Hälfte kappt. Die Pflanzen bilden dann noch dichtere und kürzere Triebe. **Bonsai-Kiefern** mit mehreren Trieben auf einem Stämmchen sind gelegentlich auf großen Gräbern zu sehen. Sie werden mit viel Aufwand in der Baumschule angezogen und sind deshalb entsprechend teuer. Zwerg-Kiefern brauchen keine besondere Pflege.

Äußerste Vorsicht ist beim Einsatz der verschiedenen Ziertannen geboten. Sie gehören zu den kräftig wachsenden Nadelgehölzen, die auf den Gräbern schnell jeden Rahmen sprengen.

Fichte ○–◑–● G

Auch die Zwergformen der Fichte *(Picea abies)* eignen sich für die Grabbepflanzung. Dazu gibt es noch hängende Varianten, die besonders gut auf größere Gräber mit entsprechend hohen Grabzeichen passen. Fichten sind Flachwurzler, sie mögen deshalb keine zu schweren Böden. Auf einem leicht humosen, durchlässigen Untergrund kommen sie am besten zurecht, an den Standort stellen sie keine weiteren Ansprüche. Fichten lassen sich auf dem Grab ohne besondere Pflege erhalten.

Lebensbaum, Thuje ◑ G

Der Lebensbaum *(Thuja occidentalis)* ist mit seinen Zwergformen häufig in der Rahmenbepflanzung von Gräbern zu sehen. Beim Lebensbaum ist die Wahl der richtigen, kompakt wachsenden Variante besonders wichtig – die Säulenformen erreichen im Alter leicht Höhen von 3 m und mehr. Sehr saure Böden mag der Lebensbaum nicht, außerdem reagiert er empfindlich auf Trockenheit und ständigen Tropfenfall von zum Beispiel größeren Bäumen.
Der beste Standort ist für ihn im Halbschatten.
Neben den Lebensbäumen mit grünem Laub gibt es Sorten mit **gelblichen** und **bräunlichen Nadeln**, die bei der Gestaltung gezielt eingesetzt werden können. Wie die meisten Nadelgehölze stellt der Lebensbaum keine besonderen Ansprüche an die Pflege.

Die Himalaya-Zeder gefällt mit leicht hängendem Wuchs und passt wegen ihrer Größe nur auf große Gräber.

Himalaya-Zeder ○–◑–● G

Mit ihrem leicht überhängenden Wuchs passt die Himalaya-Zeder *(Cedrus deodara)* gut auf größere Gräber. Wie alle hängenden Pflanzen ist sie ein Sinnbild der Trauer. Die Himalaya-Zeder kommt mit fast allen Standorten zurecht, nur sehr kalkhaltige Böden quittiert sie mit gelbem Laub.
Gelegentlich wird auch die etwas edler wirkende, blau-grau benadelte Hängeform der **Blau-Zeder** *(C. atlantica* 'Glauca Pendula') auf Gräbern verwendet. Im Gegensatz zu ihrer rein grünen Schwester mag sie kalkhaltige Böden. Beide Zedern brauchen keine besondere Pflege.

Schneeheide ○–◑ G ✂

Ebenfalls zu den Nadelgehölzen zählen die verschiedenen Heideformen, die auf Gräbern in der Rahmenbepflanzung zu sehen sind.
Die Schneeheide *(Erica carnea)* gefällt im Sommer mit dunkelgrünen Nadeln und bildet 30–50 cm hohe Kissen, wenn sie regelmäßig geschnitten wird. Die eigentliche Attraktion der Schneeheide ist die Blüte, die je nach Sorte von Oktober bis April zu sehen ist. Oft lugen die Blütenglöckchen dieser Heide aus einer dichten Schneedecke hervor. Wie alle Heidearten wird die Schneeheide nach der Blüte, spätestens jedoch Anfang Mai zurück geschnitten. Ungestutzte Pflanzen verkahlen schnell, blühen nur mäßig und werden für Gräber schnell zu groß.

Besenheide ○–◑ G ✂

Die Besenheide *(Calluna vulgaris)* ist die zweite Heidevariante, die häufig auf Gräbern zu sehen ist. Sie blüht von August bis Oktober und bildet ganzjährig grüne Pflanzenkissen, die je nach Sorte zwischen 20–50 cm hoch werden. Auch die Besenheide muss nach der Blüte geschnitten werden, damit sie in Form bleibt. Beide Heidearten brauchen einen durchlässigen Boden, der sauer sein sollte. Mit stark kalkhaltigen Böden kommen beide Arten nicht zurecht. Die Pflege der Heidearten beschränkt sich auf den Schnitt.

Besenheide ist ein ausdauerndes Gehölz mit Herbstblüte, das nach der Blüte geschnitten werden muss.

Rhododendron, Lorbeerkirsche und Schattenglöckchen bilden auf dem großen Grab im Halbschatten eine Kombination, die zu verschiedenen Jahreszeiten blüht.

Laubgehölze für die Rahmenbepflanzung

Nicht nur das Laub, auch ein schöner Wuchs macht die in der Regel kleinen Gehölze für die Grabbepflanzung interessant.

Rhododendron ○–◑ G

Sie gehören zu den schönsten Blütengehölzen für das Grab – doch sie stellen ihre Ansprüche. Rhododendron sind Moorbeetpflanzen, die saure, humose Böden und Plätze im Schatten oder Halbschatten mögen. Darüber hinaus können Rhododendron sehr groß werden – aus den vielen Sorten im Angebot müssen also für das Grab die kompakt wachsenden ausgesucht werden.
Neu im Angebot sind so genannte **»Inkarho-Rhododendron«**, die auch kalkhaltige Standorte vertragen. Diese Neuzüchtungen sind wegen des großen Aufwandes bei der Züchtung deutlich teuer als die normalen Sorten – doch wer auf kalkhaltigen Böden nicht auf Rhododendron verzichten will, sollte an sie denken.
Wegen ihrer sehr speziellen Ansprüche an den Boden sind die normalen Rhododendron die einzigen Pflanzen auf dem Grab, bei denen der Einsatz eines **Spezial-Düngers** Sinn macht. Rhododendron lassen sich stutzen, wenn sie außer Form geraten sind – doch das sollte man als Notlösung betrachten, da durch den **Schnitt** die schöne Form der Pflanzen stark beeinträchtigt wird. An den richtigen Standort gepflanzt, sind Rhododendron dankbare und ausdauernde Gehölze, die in jedem Frühsommer mit schönen **Blüten** beeindrucken. Nach der Blüte sollten die Blüten-Stutze ausgebrochen werden, das fördert die Entwicklung des nächsten Flores. Besondere Pflege brauchen Rhododendron nicht, in sehr heißen Sommern sollten sie gelegentlich zusätzlich gegossen werden. Gelbliches Laub und kümmerlicher Wuchs sind fast immer auf einen falschen Standort zurück zuführen.

Japanische Azaleen ◑ G

Sie bilden eine eigene Gruppe unter den Rhododendron, die, wie schon ihr Name verrät, in Ostasien beheimatet sind. Eine Reihe von Sorten eignet sich mit einer Höhe von knapp 1 m und einem Wuchs, der mehr in die Breite ausgerichtet ist, gut für die Grabbepflanzung. Japanische Azaleen bilden an einem halbschattigen Standort mit frischen, leicht sauren Boden dann schnell dichte grüne Kissen. Anders als die großen Rhododendron sind sie nicht immergrün, doch dieses vermeintliche Manko machen sie mit ungeahntem Blütenreichtum wieder wett. Von Mai bis Juni verwandeln sich die grünen Kissen in leuchtende Farbkleckse, die mit Hunderten von kleinen Einzelblüten besetzt sind. Bei den Farben stehen neben Weiß vor allem Rot, Rosa und Violett zur Verfügung. Japanische Azaleen brauchen kaum **Schnitt**, weil sie von Haus aus kompakt und flach bleiben. Alle Sorten gelten als gut winterhart, zur Sicherheit sollte man sie vor starken kahlen **Frösten** – Frost ohne Schnee – mit ein paar Fichtenzweigen schützen, die man in die Pflanzen steckt.

Japanische Azaleen bleiben flach im Wuchs und eigenen sich deshalb auch für kleinere Gräber.

Stechpalme ◑–● G

Die Stechpalme *(Ilex)* ist mit ihren immergrünen, ledrigen und dornigen Blättern eine wichtige Symbolpflanze auf dem Friedhof – symbolisiert sie doch die Dornenkrone, mit der Christus ans Kreuz geschlagen wurde. Zahlreiche Sorten und Arten passen mit gebändigtem Wuchs auf Gräber, es gibt auch Varianten mit **weiß- oder gelbgrünem Laub**. Weibliche Pflanzen der Stechpalme sorgen im Winter mit schönen roten Beeren für Aufmerksamkeit.
Als Standort ist ein schattiger oder halbschattiger Platz für die Stechpalme ideal. Die volle Sonne mag sie nicht – heimisch ist sie in unseren Laubwäldern unter den Kronen der großen Bäume. Der Boden sollte durchlässig und humos sein. Stechpalmen brauchen keine besondere Pflege, bei Bedarf lassen sie sich auch schneiden.

Mahonie ○–◑–● G

Ebenfalls anspruchslose Laubgehölze für den Friedhof sind die Mahonien *(Mahonia)*. Sie vertragen fast jeden Standort und werden schon von Haus aus nur knapp 1 m hoch. Für die Ver-

Oben: Weibliche Stechpalme mit roten Früchten im Herbst.
Unten: Mahonien passen nur auf große Gräber.

Das Schattenglöckchen beeindruck im Frühjahr mit leuchtend rotem Austrieb, der sich im Laufe des Sommers in ein kräftiges Grün verwandelt.

Die vielen Ahorne setzen im Spätsommer und Herbst mit der intensiven Laubfärbung deutliche Akzente in der Grabbepflanzung.

wendung auf dem Grab lassen sie sich ohne Schwierigkeiten stutzen. Neben dem kräftig bestachelten Laub zieren die Mahonie im Frühjahr hellgelbe Blüten, denen im Herbst schwarze Früchte folgen.
Das **Laub** der Mahonien ist besonders haltbar – wer zum Beispiel in der Winterabdeckung noch eine Lücke entdeckt hat, kann an unauffälliger Stelle ein paar Zweige von den Pflanzen auf dem Grab abschneiden und sofort verwenden. Mahonien brauchen auf dem Grab keine besondere Pflege, wegen ihres Formates sind sie jedoch nur für größere Gräber geeignet.

Schattenglöckchen ◑–● G ✂

Das Schattenglöckchen *(Pieris japonica)* ist ein immergrünes Gehölz, das sich mit einfachem Schnitt kurz halten lässt. Seine cremeweißen Blüten erscheinen von März bis Mai in langen Trauben, die sehr dekorativ sind. Einige Sorten sorgen jedoch schon vorher für Aufmerksamkeit – ihre neue Triebe sind anfangs braun-rot gefärbt.
Das Schattenglöckchen ist, wie es sein deutscher Name schon vermuten lässt, ein Gewächs des Schattens und Halbschattens, als Moorbeetpflanze mag es keinen Kalk. Der Boden sollte für diesen Flachwurzler leicht und durchlässig sein. Ungeschnitten erreichen Schattenglöckchen leicht Höhen von 2–3 m. Durch einmaligen Schnitt nach der Blüte lassen sich die Pflanzen auf dem Grab in Form halten, der Schnitt fördert auch die Blüte. Weitere Pflege braucht dieses Gehölz nicht.

Ahorn ○–◑

Der Ahorn *(Acer palmatum)* ist unter den Laub abwerfenden Pflanzen die häufigste auf Gräbern. Das hat einen guten Grund: Die Pflanzen mit den attraktiv geschlitzten Blättern

bieten die wohl schönste **Herbstfärbung** in der Natur. Von leuchtendem Rot bis zu tiefem Braun-Orange bieten Ahorne im Herbst die gesamte Farbpalette. Im Sommer reicht die Auswahl bei den Laubfarben von Hellgrün bis zu einem intensiven Weinrot. Diese Farbe ist an sonnigen Standorten besonders ausgeprägt, grüne kommen auch im Halbschatten gut zurecht.
Auf dem Friedhof kommen vor allem die **Zwergformen** des Ahorns zum Einsatz, die langsam wachsen. Ihre Pflege beschränkt sich auf das Entfernen der geringen Laubmengen, die im Herbst abgeworfen werden.

Rosen ○ G ✂

Sie sind als Symbole der Liebe für die Bepflanzung von Gräbern sehr beliebt. Doch die attraktiven Blütengehölze bereiten immer wieder Probleme. Das Pflanzen von Rosen in der Rahmenbepflanzung macht nur bei einem **vollsonnigen Standort** Sinn – Rosen brauchen Wärme und Licht, sonst kränkeln und kümmern sie ständig vor sich hin. Die gefürchteten Blattkrankheiten wie Mehltau und Sternrußtau sind fast immer Ergebnis eines falschen Standortes.

Wer Rosen auf einem halbschattigen Grab nicht missen möchte, sollte es im Sommer mit **Topfrosen** in der Wechselbepflanzung oder in einer separaten Schale versuchen. Für die Rahmenbepflanzung auf größeren Gräbern kommen vor allem die flach wachsenden **Bodendeckerrosen** in Betracht, **Zwergrosen** passen vom Format her auch. Beim Kauf ist auf moderne Sorten zu achten, die oft robuster sind als die alten Varianten und meist auch Resistenzen gegen die gefürchteten Blattkrankheiten besitzen. Hoch wachsende **Beet-** und **Edelrosen** passen von der Größe her nicht auf Gräber – auch wenn ihre Blüten noch so schön sind, sollte man darauf verzichten, sie zu pflanzen. Nicht nur als blühender Bodendecker, auch als kleines **Stämmchen** können Rosen auf ein großes Grab mit einem entsprechend hohen Stein passen.
Bei der **Pflege** sollten die verblühten Blütenstände regelmäßig ausgeschnitten werden, damit die Pflanzen immer wieder neue Knospen bilden können. Zu lange Triebe werden bei dieser Gelegenheit gleich mit eingekürzt. Vor dem Winter alle Blüten entfernen, damit sich zwischen den Blütenblättern keine Pilze einnisten können. Rosen sollten möglichst am frühen Morgen gegossen werden, damit die Blätter bis zur kühleren Nacht ausreichend abtrocknen können.

Gartenhortensie ◑–● G ✂

Die Hortensien *(Hydrangea)* bieten für die Gestaltung von Gräbern gleich mehrere Möglichkeiten.

Rosen brauchen auf Gräbern einen vollsonnigen Platz, sonst kümmern sie bald vor sich hin.

Die Kletterhortensie ist ein langsam wachsendes Gehölz für den Rahmen auf großen Gräbern.

Die Gartenhortensie mit ihren großen Blütenbällen ist mit einer Höhe von 1–3 m nur für große Gräber geeignet. Auch wenn die Pflanzen beim Kauf deutlich kleiner sind, entwickeln sie sich an einem halbschattigen Standort mit saurem Boden schnell zu größeren Formaten. Gartenhortensien sollten deshalb nach der Blüte von Juni bis September um rund ein Drittel zurückgeschnitten werden. Leider sehen die Pflanzen dann nicht sehr schön aus, weshalb man eine Verwendung auf dem Grab sehr genau überlegen sollte.

Kletterhortensie ◐–● G

Ganz anders als die Gartenhortensie verhält es sich mit der Kletterhortensie *(H. petiolaris)*. Sie wächst so langsam, dass sie manch einen Gärtner schon auf eine harte Geduldsprobe gestellt hat, und klettert dabei leicht. Zu einem großen Grabzeichen, an dem sich die Kletterhortensie aufrichten kann, ist sie eine schöne Alternative. Die cremeweißen Blüten erscheinen am mehrjährigen Holz im Juni und Juli. Die Pflanze klettert mit speziellen Haftwurzeln, die am Grabzeichen jedoch keine Schäden verursachen. An einem halbschattigen bis schattigen Standort und auf sauren bis neutralen Böden fühlt sich die Kletterhortensie besonders wohl. Alle Hortensien werfen im Herbst ihr Laub ab, das dann abgesammelt werden sollte.

Lorbeerkirsche ○–◐–● G

Die Lorbeerkirsche *(Prunus laurocerasus)* mit immergrünen, dunkelgrünen und leicht glänzenden Blättern ist für die Rahmenbepflanzung von größeren Gräbern geeignet. Neben dem schönen Laub sorgen die cremeweißen Blütenstände, die im Juni und Juli erscheinen, für Aufmerksamkeit. Die schwarzroten, giftigen Früchte sind weniger auffällig.
Die Lorbeerkirsche wird zwischen 1–1,5m hoch und gehört zu den besonders genügsamen Gehölzen. Sie kommt mit sonnigen wie auch ganz schattigen Standorten zurecht und hält sich auf humosen Böden auch an Problemstandorten im tiefen Schatten. Dabei erträgt sie auch den Wurzeldruck großer Bäume. Die Lorbeerkirsche ist pflegeleicht.

Im Sommer erscheinen die auffälligen Blüten der Lorbeerkirsche, die gut auf große Gräber passt.

Der Teppich-Hartriegel bietet neben der Blüte rote Früchte, die eine zusätzliche Dekoration sind.

Teppich-Hartriegel ◑–● G

Der Teppich-Hartriegel *(Cornus canadensis)* bietet sich mit einer Höhe von 15–20 cm und seinem immergrünen Laub für die Grabbepflanzung im Schatten und Halbschatten an. Dazu bringt er wie alle Hartriegel-Varianten im Juni große cremefarbene Scheinblüten hervor, die für viel Aufmerksamkeit sorgen. Die eigentliche Blüte ist grün und unscheinbar, doch später erscheinen dann schöne rote Früchte.
Der Teppich-Hartriegel verbreitet sich mit unterirdischen Ausläufern, gelegentlich sieht man ihn auf feuchten und leicht sauren Böden auch als Bodendecker. Er braucht keine besondere Pflege, seine Ausläufer sollte man jedoch im Auge behalten und bei zu starkem Ausbreitungsdrang mit einem Spaten abstechen und entfernen.

Berberitze ○–◑ G

Von der Berberitze *(Berberis thunbergii)* gibt es verschiedene Sorten, die mit einem kompakten Wuchs von 30–60 cm auch für die Gestaltung von kleinen Gräbern geeignet sind. Die bekannte Heckenpflanze lässt sich gut schneiden und bietet neben den grünlaubigen auch schöne rotlaubige Sorten. Viele Berberitzen legen dazu noch ein farbenfrohes Herbstkleid an, bevor sie das Laub abwerfen. Als einzigen Nachteil kann ihre kräftige Bedornung bezeichnen – beim Schnitt die Hände deshalb mit dicken Handschuhen schützen. Berberitzen mögen sonnige bis halbschattige Standorte. Sie sind absolut winterhart, mögen feuchte Böden, überstehen jedoch auch kürzere Trockenperioden ohne Schäden. Einige Berberitzen bilden im Herbst schöne leuchtenden Früchte aus. Die Pflanzen gehören zu den besonders anspruchslosen für die Grabbepflanzung.

Birke ○–◑ G

Die Birken *(Betula)* wachsen in der Natur zu Bäumen mit Höhen von 15–30 m heran, doch auf Gräbern sieht man immer wieder attraktive **Hängeformen**, die auf einen schwach wachsenden Stamm veredelt wurden. Birken wirken mit ihrem feinen, mittelgrünen Laub leicht und elegant – sie passen als Hängepflanzen auf große Gräber mit einem entsprechenden Stein.

Berberitzen mit attraktiv gefärbtem Laub sind auch eine gute Alternative für kleine Gräber.

Weide ○–◑ G

In vielen verschiedenen Varianten gibt es Weiden *(Salix)*, von denen die schwach wachsenden auch als veredelte **Stämmchen** mit kleiner Krone angeboten werden. Besonders attraktiv sind Sorten mit **weiß-** und **rötlich gefärbtem Laub**, doch sie können in kalten Wintern erfrieren. Wer bei den hängenden Pflanzen nach Alternativen sucht, sollte es jedoch mit den kleinen Weiden probieren.

Diese Weide hat sich so gut entwickelt, dass sie einen Schirm über dem Grabzeichen bildet.

Bodendecker für die Grabgestaltung

Aufgabe des Bodendeckers ist es, die größte Fläche auf dem Grab dauerhaft mit pflegeleichtem Grün zu bedecken. Aus Sicht der Gestaltung sollen Stauden oder Gehölze eine ruhige Fläche schaffen, die für Harmonie auf dem Grab sorgt. Wichtig ist dabei, die Pflanzen passend zur Größe des jeweiligen Grabes auszusuchen. Auf größeren Gräbern werden Bodendecker gerne in Kombinationen mit anderen Pflanzen verwendet. Vorsicht ist bei kleinen Gräbern mit gemustertem Laub geboten – das wirkt auf den kleinen Flächen schnell unruhig und muss deshalb besonders sorgfältig überdacht werden.

Staude oder Gehölz?

Ob man eine Staude oder ein Gehölz als Bodendecker wählt, ist letztlich eine Frage des Geschmacks. Stauden bieten in der Regel den Vorteil, dass sie nicht geschnitten werden müssen, um in der gewünschten Form zu bleiben. Viele von ihnen warten dazu mit einer attraktiven Blüte auf.

Gehölze brauchen in der Regel einen zwei- oder dreimaligen Schnitt pro Jahr. Dafür sind sie, verglichen mit den Stauden, auf dem Grab noch langlebiger und ausdauernder. Eine dichte Pflanzendecke bilden beide Varianten schnell, wenn die erforderlichen dichten Pflanzabstände eingehalten werden. Genug Auswahl für fast jeden Standort bieten beide Varianten, hier hat man wirklich die Qual der Wahl.

Bodendecker pflanzen

Vor dem Pflanzen des Bodendeckers sollte die Erde mit einem Spaten leicht aufgelockert werden. Eine **Grunddüngung** mit einem handelsüblichen Mehrnährstoffdünger sorgt bei den meisten Bodendeckern für einen guten Start. Anschließend wird das Grab sorgfältig geglättet, um dann Form und Lage des Wechselbeetes, der Trittsteine auf großen Gräbern und den Platz für ein Ewiges Licht zu markieren.
Der beste **Termin für das Pflanzen** ist sechs bis neun Monate nach der Beerdigung, wenn sich das Grab ausreichend gesetzt hat. Beste **Pflanzzeit** ist von März bis Mai, später sollte man den Bodendecker nicht auf das Grab bringen, denn im kurzen

Stauden und Gehölze lassen sich auch als Bodendecker auf einem Grab kombinieren. Hier gehen Katzenpfötchen und Spindelstrauch eine Einheit mit klarer Begrenzung ein.

Herbst können die Pflanzen nicht gut genug einwachsen, um einen vielleicht harten Winter zu überstehen. Und heiße Sommertage bilden für die Pflanzen noch zusätzliche Stress durch Trockenheit und Hitze. Die macht einem dichten grünen Teppich im zweiten Standjahr weniger aus, weil sich unter der Pflanzendecke ein eigenes Kleinklima bildet.

Um schnell eine geschlossene Pflanzendecke zu erhalten, wird der Bodendecker dichter gepflanzt, als man ihn zum Beispiel im Garten verwenden würde. Die **Pflanzdichte** hängt wesentlich von der Größe der eingekauften Pflanzen, den Bodenverhältnissen und dem örtlichen Kleinklima ab. Deshalb soll hier auf das Nennen von Zahlen verzichtet werden. Fachleute wie der Friedhofsgärtner vor Ort können mit entsprechenden Informationen weiter helfen. Beim **Kauf** von Bodendeckern darauf achten, dass die Pflanzen wüchsig sind, vor allem Gehölze sollten keine zu stark verholzte Triebe besitzen. Bodendecker werden **auf Lücke gepflanzt**, das heißt, die Pflanzen der zweiten Reihen werden immer in die Lücke zwischen zwei Pflanzen der Vorreihe gesetzt. Die Kunst bei dieser Arbeit ist es, eine flache und glatte Fläche zu erhalten. In kleinen Tälern könnte sich sonst Wasser sammeln und zu Fäulnis führen, Pflanzen auf kleinen Hügeln trocknen schneller aus. Die zur Zeit gelegentlich zu sehende Gestaltung von Gräbern mit dem Bilden von Wellen sollte Fachleuten vorbehalten bleiben – das gleichmäßige Bepflanzen dieser Anlagen braucht sehr viel Übung.

Um eine möglichst **schnelle Bedeckung** des Grabes zu errei-

Gehölze und Stauden mit großen Blättern passen besser auf entsprechend große Gräber, Varianten mit kleinem Laub machen sich auf einem Urnengrab hingegen besser.

Die Triebe der neu gepflanzten Zwergmispel werden mit kleinen Haarnadeln am Boden befestigt.

chen, werden die Triebe einiger Bodendecker mit kleinen, u-förmig gebogenen Nadeln aus Draht direkt am Boden befestigt. Bei Zwergmispel und Efeu bietet sich dieses so genannte **»Nadeln«** an, um schnell auf das gewünschte Ergebnis zu kommen – beide Arten bilden an den Kontaktstellen zum Boden zusätzliche Wurzeln und bewirken dann den gewünschten grünen Teppich auf dem Grab.

Die Pflege der Bodendecker

Ist der Bodendecker einmal sorgfältig gepflanzt, beschränkt sich die Pflege in den ersten Monaten auf das **Jäten** von Wildkraut. An heißen Sommertagen hilft **Gießen** einer jungen Bepflanzung beim Anwachsen.

Gut gemeint ist das Auflockern des Bodens mit Hilfe von kleinen Handharken oder -rechen, doch das stört die Wurzeln der Bodendecker mehr, als es ihnen hilft.

Viele Gehölze und einige Stauden brauchen einen regelmäßigen **Rückschnitt**, um in der gewünschten Form zu bleiben. Zwei bis drei Schnitte pro Jahr sind die Regel – Bodendecker, die stärker wachsen, sind für die Bepflanzung von Gräbern nicht geeignet. Gute **Zeitpunkte für den Schnitt** sind der Frühsommer, der Sommer und der Herbst. Bei einer neu angelegten Pflanzung im ersten Jahr beschränkt sich der Schnitt auf das Ausgleichen von unterschiedlichen Wuchshöhen. Später werden Pflanzen mit dem mechanischen Stutzen dazu angeregt, sich immer wieder von der Basis her zu verjüngen und dabei nicht zu groß zu werden. Eine scharfe **Heckenschere** ist das beste Werkzeug für den Schnitt des Bodendeckers, für kleine Gräber reicht eine scharfe **Rosenschere**.

Alle abgeschnittenen Pflanzenreste müssen sorgfältig vom Bodendecker entfernt werden – sie könnten sonst zu faulen beginnen und für Pflanzenschutzprobleme sorgen.

Ist der Bodendecker eingewachsen und die Pflanzendecke rund ein Jahr nach der Pflanzung geschlossen, braucht er außer dem Schnitt praktisch keine Pflege mehr. Lediglich bei den **Stauden** sollte man im Frühjahr und Herbst nach **abgestorbenen Blättern** schauen und diese dann entfernen. Alle intensiv blühenden Stauden mit Ausnahme des Thymian brauchen nach der Blüte einen **Schnitt**, um die längeren Stiele zu kappen. Um

Golderdbeeren werden den Boden dieses frisch bepflanzten Grabes schnell bedecken.

eine noch dichtere Verzweigung zu erreichen, wird lediglich die Dickanthere nach der unscheinbaren Blüte von Hand geschnitten.
Bei der **Düngung** reicht für Stauden und Gehölze eine jährliche Grunddüngung, die den Pflanzen mit dem einsetzenden Wachstum im späten Frühjahr gegeben wird. Als Dünger haben sich handelsübliche Volldünger bewährt, beim Düngen dabei die auf der Packung angegebenen Mengen eher unterschreiten, damit die Pflanzen nicht zu stark im Wachstum angeregt werden.

Bodendecker kombinieren

Vor allem auf großen Gräbern kann man die Kombination aus verschiedenen Bodendeckern als gestalterisches Element einsetzen. Wichtig ist dabei, die **Standortansprüche** der Pflanzen zu kennen und zu berücksichtigen. Nur so kann man erreichen, dass verschiedene Pflanzen über eine lange Zeit hinweg miteinander auf dem Grab harmonieren.
Am einfachsten ist das Kombinieren natürlich mit **Bodendeckern**, von denen es verschiedene Sorten mit unterschiedlich gemusterten Blättern gibt. Der Spindelstrauch ist dafür das Paradebeispiel. Doch auch **Stauden** und **Gehölze** lassen sich miteinander kombinieren. Dabei werden die höher wachsenden Pflanzen gerne rund um das Grabzeichen verwendet, das flachere Gewächs bildet dann den Teppich für den Boden. So erreicht man besonders auf langen Gräbern eine räumliche Tiefe, die dann noch durch die Rahmenbepflanzung verstärkt wird.

Trittsteine und Lampen integrieren

Auf großen Wahlgräbern macht das Verlegen von zwei oder drei **Trittsteinen** Sinn. Nur so können alle Bereiche des Grabes bei der Pflege leicht erreicht werden. Trittsteine sollen in der Gestaltung möglichst wenig auffallen – deshalb wählt man sie passend zum Grabstein. Besteht das Grabzeichen aus Metall oder Holz, sollten die Trittsteine farblich darauf abgestimmt sein. Gelegentlich sind Trittsteine aus rötlichem Terracotta zu sehen. Aus gestalterischer Sicht ist das in Ordnung, wenn sie farblich harmonieren. Holz hat sich als Trittstein nicht bewährt, weil es nach Regenfällen schnell glatt und rutschig

Mehrere kleine Trittsteine lassen sich leichter in die Gestaltung integrieren, als wenige große Platten.

Friedhofsgärtner sind die Experten, wenn es um Bodendecker geht. Wer selbst pflanzen möchte, sollte sich von den Fachleuten ausführlich beraten lassen, um Fehlgriffe, die viel Geld kosten, zu vermeiden. Efeu gibt es zum Beispiel in Hunderten von Sorten, doch nur die an den Standort und an das Klima angepasste wird nach Wunsch gedeihen.

wird. Gleiches gilt für Trittsteine aus poliertem Material. Steine mit rauer Oberfläche sind als Trittsteine besser geeignet. Wer sich beim Verlegen der Steine an die Regeln des Goldenen Schnitts hält und seine eigenen Körpermaße berücksichtigt, bekommt eine sinnvolle Hilfe für die Grabbepflanzung.
Wer Stauden als Bodendecker gewählt hat, sollte die Trittsteine auch für das Aufstellen von **Schalen** nutzen – und diesen Zweck bei der Gestaltung mit berücksichtigen. Stauden vertragen, anders als die robusteren Gehölze, das Aufstellen von Schalen nur selten. Die unschönen Löcher im Bodendecker lassen sich mit den Trittsteinen verhindern.
In katholischen Regionen sind fest installierte **Grablichter** üblich. Um die Laternen leicht erreichen zu können, sollten sie an den Rand des Grabes gesetzt werden. Der beste Platz ist nicht direkt auf der Kante, sondern 20–25 cm in das Grab hinein versetzt. Einfach gestaltete Laternen sind leichter zu integrieren als aufwändige. Ebenso sollten die in einigen Regionen üblichen **Weihwasserbecken** in die Grabgestaltung mit einbezogen werden, um ein harmonisches Bild zu bekommen.

Dickantheren mit gelbgrünem, leicht glänzenden Laub sind der attraktive Bodendecker auf diesem Wahlgrab.

Stauden als Bodendecker

Wintergrüne Stauden haben sich als Bodendecker bewährt. Einige gefallen mit attraktiven Blüten.

Dickanthere ○–◑ ♃ ✂

Wegen ihrer dicken Blätter und Stängel wird die Dickanthere *(Pachysandra terminalis)* auch **»Dickmännchen«** genannt. Diese immergrüne Pflanze ist eigentlich keine Staude – Botaniker bezeichnen sie als **Halbstrauch**, also eine Mischung aus Staude und Gehölz. Die Pflanzen werden bis zu 30 cm hoch und breiten sich mit unterirdischen Ausläufern immer weiter aus. Im Frühsommer blühen sie mit cremefarbenen, unscheinbaren Blütenständen an den Spitzen der Triebe. Nach der Blüte sollten die Pflanzen von Hand gestutzt werden – werden sie mit der Heckenschere geschnitten, sieht das Grab schnell zerzaust aus. Das hängt mit der Anordnung der Blätter zusammen, die in einzelnen Etagen am Stiel wachsen.

Die Dickanthere ist recht anspruchslos, sie ist eine gute Wahl für ein Grab im Halbschatten. Wegen ihrer Größe ist sie nur für große Gräber geeignet – dort gehört sie jedoch zu den besonders ausdauernden Bodendeckern. Standorte in der vollen Sonne und zu geringe Nährstoffversorgung quittieren Dickantheren mit gelblichem Laub. Die Pflege beschränkt sich bei ihnen auf das Begradigen der Grabränder mit einem Spaten – so wird verhindert, dass sich die Ausläufer auch auf den Nachbargräbern ausbreiten.

Golderdbeere ◑ ♃

Die Golderdbeeren *(Waldsteinia ternata)* verdanken ihren deutschen Namen der Verwandtschaft zu den Erdbeeren und den leuchtend goldgelben Blüten, die im April und Mai erscheinen. Mit einer Höhe von rund 10 cm ist die immergrüne Golderdbeere gut für die Bepflanzung von Gräbern geeignet, für kleine Gräber ist sie jedoch wegen der Größe ihres Laubes eine schlechte Wahl. Golderdbeeren mögen als Pflanzen des Waldrandes Standorte im Halbschatten mit humosen Böden. Ständige Trockenheit quittiert die Pflanze mit immer geringerem Wachstum und schließlich mit dem Totalausfall. Golderdbeeren breiten sich mit Hilfe von Ausläufern aus, die an den Grabrändern abgeschnitten oder in die richtige Richtung geleitet werden müssen.

Stachelnüsschen ○ ♃

Das Stachelnüsschen *(Acaena buchananii)* bildet zu dem attraktiven grau-grünen Laub im Sommer rötlich braune Früchte mit kleinen Stacheln aus. Die eigentliche Blüte im Mai ist unscheinbar. Mit der Höhe von knapp 10 cm ist die immergrüne Staude auch für kleinere Gräber geeignet. Mit 'Kupferteppich' ist gelegentlich eine Sorte mit rötlichem Laub zu sehen, die bei der Gestaltung von Gräbern weitere Möglichkeiten eröffnet. Diese elegante Staude braucht einen Standort in der Sonne. Ständige Nässe und Feuchtigkeit sorgen beim Stachelnüsschen für Fäulnis – deshalb ist auch Vorsicht bei der Winterabdeckung angeraten. Das Stachelnüsschen wächst langsam und hat nur einen geringen Ausbreitungsdrang, deshalb braucht es kaum Pflege.

Der leuchtend gelben Blüte im April und Mai verdankt die Golderdbeere ihren Namen.

An kleine stachelige Nüsschen erinnern die Früchte des flach wachsenden Stachelnüsschens.

Die Laugenblume bietet sich mit den feinen Blättern für kleine Gräber an.

Laugenblume ○–◑ ♃

Die Laugenblumen *(Cotula squalida)* gehören mit ihrer Höhe von maximal 5 cm zu den Stauden, die sich für Gräber jeder Größe eignen. Hinzu kommt bei der Laugenblume das gelblich grüne Laub, das mit seiner eigenwilligen Form für Aufmerksamkeit sorgt. Die Pflanzen bilden flache, dichte Polster und verjüngen sich dabei immer wieder von selbst – pflegeleichter geht es eigentlich nicht mehr. Selbst kleinere Schäden gleicht die Pflanze mit ihrem Wachstum von selbst wieder aus. Mit 'Minima' ist eine noch kleinere Variante als die eigentliche Art im Angebot.
Der richtige Standort für die Laugenblume ist in der Sonne oder im Halbschatten mit einem durchlässigen Boden. An kalten Wintertagen färben sich die Blättchen dieser immergrünen Staude rötlich. Winterabdeckung ist bei der Laugenblume nicht notwendig, sie schadet ihr sogar.

Organische Dünger wirken langsamer und sind immer dann angebracht, wenn der Bodendecker zu schnell wächst.

Teppich-Thymian ○ ♃

Der Teppich-Thymian *(Thymus serpyllum)* ist ein Gast aus dem Mittelmeerraum. Das duftende Würzkraut bildet knapp 5 cm hohe Polster, die auch auf kleinere Gräber passen. Eine zusätzliche Attraktion sind die lilafarben Blüten, die im Frühsommer erscheinen und das Grab dann wie ein Teppich überziehen. Als mediterrane Pflanze braucht der Teppich-Thymian einen sonnigen und warmen Standort sowie einen durchlässigen Boden.
Der Teppich-Thymian muss gelegentlich nur an den Rändern des Grabes begradigt werden, weitere Pflege ist nicht nötig. Als Mittelmeerpflanze braucht er im Winter eine leichte Abdeckung als Schutz vor allzu starken Frösten.

Sternmoos ◑ ♃

Mit seinem kleinen, satt grünen und grasartig ausgebildeten Laub fällt das Sternmoos *(Sagina subulata)* bei den Boden-

Teppich-Thymian gibt es in einer gelbgrünen Variante, die besonderen Zierwert hat.

Sternmoos sorgt für eine dicht bedeckte Fläche, die gelegentlich festgetreten werden sollte, damit die Wurzeln Bodenkontakt bekommen.

Das Katzenpfötchen bildet mit silbrig-grauem Laub einen starken Kontrast zu den anderen Pflanzen, der mit Bedacht eingesetzt werden sollte.

deckern deutlich aus dem Rahmen. Mit knapp 3 cm Höhe ist es eine gute Wahl für kleine Gräber. Wie kleine Schneeflöckchen über ziehen im Mai und Juni weiße Blüten das Sternmoos – die sehr lieblich wirkende Staude wird deshalb gerne auf Kindergräber gepflanzt. Sternmoos wächst am besten im Halbschatten. Die einzelne Pflanze ist zwar nicht sehr ausdauernd, doch ihre überhängenden Triebe wachsen immer wieder an. Dafür ist es notwendig, die sich leicht aufwölbende Pflanzendecke gelegentlich vorsichtig festzutreten und so den Trieben wieder Kontakt mit dem Boden zu verschaffen. Es verträgt keine Winterabdeckung und würde unter den Zweigen sofort faulen.

Zu feuchte Standorte sind für das Sternmoos nicht geeignet.

Katzenpfötchen ○ ♃

Das Katzenpfötchen *(Antennaria dioica)* gefällt neben dem silbergrauen Laub mit rosa Blüten, die im Mai und Juni erscheinen und das Grab wie in einen Schleier einhüllen. Diese Schönheit hat ihren Preis: Nach der Blüte müssen die langen Stiele abgeschnitten werden, damit sich die Pflanzen ungestört weiter entwickeln können.

Das Katzenpfötchen mag einen sonnigen Boden. Wichtig ist dazu ein durchlässiger, leicht saurer und nicht zu nährstoffreicher Standort. Die knapp 6 cm hohe Staude ist in dieser Beziehung recht anspruchsvoll. Wird sie zu gut mit Nährstoffen versorgt, kann es im Winter zu Schäden kommen. Da sich das Katzenpfötchen nur langsam ausbreitet, ist es auch für kleinere Gräber geeignet.

Der Schlangenbart gehört zu den Raritäten unter den Bodendeckern, er wächst jedoch auch an extrem lichtarmen Standorten.

Das Porzellanblümchen mit seinen flachen Blattrosetten passt auch auf kleinere Gräber, nach der Blüte muss ein Rückschnitt erfolgen.

Schlangenbart ● ♃

Der Schlangenbart *(Ophiopogon planiscarpus)* ist eine Alternative für **Problemstandorte**. Die breiten und länglichen Blätter erinnern an ein Gras, sie bleiben mit rund 5 cm sehr kurz. Der Schlangenbart kommt im tiefen Schatten gut zurecht, er verträgt Trockenheit und den Wurzeldruck von großen Bäumen. Damit ist er auch für schwierige Standorte auf alten Friedhöfen gut geeignet.
Der immergrüne Schlagenbart ist in milden Regionen zuverlässig winterhart, er braucht jedoch eine Abdeckung. In seiner ostasiatischen Heimat überwintert er unter einer Laubdecke, bei uns tut es eine Lage aus Fichtenreisig. Nach sehr kalten Wintern ohne Schutz bildet der Schlangenbart hässliche gelbe Blattspitzen, die erst im Laufe der Saison wieder überwachsen werden. Neben der dunkelgrünen Variante ist eine fast schwarzlaubige im Angebot, die wegen ihrer dunklen Farbe bei der Grabbepflanzung nur vorsichtig eingesetzt werden sollte. Der Schlangenbart braucht kaum Pflege, mit seinem zurückhaltenden Wachstum ist er auch für kleine Gräber geeignet.

Porzellanblümchen ◑ ♃

Das Porzellanblümchen (*Saxifraga umbrosa)* gehört zu den Stauden, die neben einer Höhe von knapp 5 cm mit feinen weißen Blüten faszinieren. Im Mai und Juni schieben sich die langen Blütenstiele aus den Blattrosetten des Porzellanblümchens hervor. Nach der Blüte sollten sie abgeschnitten oder vorsichtig ausgezupft werden.
Wie alle Steinbrechgewächse mag das Porzellanblümchen einen halbschattigen Standort mit nicht zu trockenen Böden. Die Pflege beschränkt sich bei dieser ausdauernden Staude, die sich auch für kleinere Gräber eignet, auf das Begradigen der Ränder.

Chile-Erdbeere ◑ ♃

Eine neue Staude unter den Bodendeckern ist die Chile-Erdbeere *(Fragaria chiloensis* 'Chaval') ist. An einem halb-

schattigen Standort fühlt sich das Gewächs mit seinen glänzenden, dreigeteilten Blättern besonders wohl. Die Chile-Erdbeere verbreitet sich wie alle Erdbeeren mit Hilfe von Ausläufern und bleibt mit einer Höhe von 10–15 cm dabei recht kompakt. Im Frühsommer erscheinen rosa Blüten an kurzen Stiele, die als Zugabe zu betrachten sind.
Die Chile-Erdbeere ist winterhart, an kalten Tagen verfärbt sich ihr Laub braun-rot und ist dann besonders attraktiv. Die Pflege dieser schönen Staude beschränkt sich auf das Begradigen der Ränder – hin und wieder geht hier einer der Ausläufer auf Abwege.

Die Chile-Erdbeere mit den glänzenden sattgrünen Blättern gehört zu den neuen Bodendeckern für den Halbschatten.

Haselwurz ● ♃

Eine Alternative für Gräber an schattigen Standorten mit frischen, feuchten Böden bildet die Haselwurz *(Asarum europaeum)* mit ihrem nierenförmigen, leicht glänzenden Blatt. Mit einer Höhe von rund 10 cm ist die Haselwurz gut für die Grabbepflanzung geeignet, sie wächst zudem recht langsam. Auf kleine Gräber sollte man sie wegen ihrer großen Blätter nicht pflanzen.

Zwerg-Frauenmantel ○–◑ ♃

Der Zwerg-Frauenmantel *(Alchemilla erythropoda)* bietet sich mit einer Höhe von rund 10 cm ebenfalls an. In der Sonne wie im Halbschatten wächst diese Staude, die von Juni bis August mit gelblichen Blüten aufwartet. Besonders am frühen Morgen zieren kleine Wassertropfen die gesägten Ränder des Laubes. Wegen der großen Blätter ist der Frauenmantel nur für größere Gräber geeignet.

Strandnelke ○ ♃

Die Strandnelke *(Armeria maritima)* ist eine gute Lösung für Gräber in sonnigen Lagen auf trockenen, sandigen Böden. Das genügsame Gewächs bildet 15 cm hohe Horste, über denen von Mai bis Juli weiße oder rosa Blütenbällchen erscheinen. Die

Morgens liegen Wassertropfen auf dem Zwerg-Frauenmantel, das macht ihn zu etwas Besonderem.

Strandnelke ist eine ausdauernde Staude, die jedoch nur auf sandigen und mageren Böden ohne Probleme zu halten ist.

Storchschnabel ○–◑ ♃

Auch der Storchschnabel *(Geranium)* eignet sich mit seinen Zwergvarianten für die Grabbepflanzung. Die kleinen Sorten mit einer Höhe von 10–15 cm gibt es in gut sortierten Staudengärtnereien. Der Standort sollte sonnig bis halbschattig sein, die rosa Blüten erscheinen von Juni bis August. Im Winter färbt sich das Laub des Storchschnabels bei Kälte zu einem schönen Braunrot.

Kompakte Sorten des Storchschnabels eigen sich als Bodendecker für große Gräber.

Die Zwerg-Mispel ist dauerhaft, robust und lässt sich leicht schneiden – das hat sie zum beliebtesten Bodendecker auf den Gräbern gemacht.

Gehölze als Bodendecker

Neben der Zwergmispel bieten sich viele Pflanzen mit schönem Laub an.

Zwergmispel ○–◑ G

Zu den beliebtesten Bodendeckern auf den Friedhöfen gehört die Zwergmispel *(Cotoneaster dammeri)*. Das hat seinen Grund: Sie wächst flach, ist ausdauernd, lässt sich ohne Probleme schneiden und gedeiht in der Sonne wie im Halbschatten. Mit gelegentlicher Trockenheit kommt die Zwergmispel ebenso zu recht wie mit kalten Wintern. Mit ihren kleinen Blättern passt die Zwergmispel auf fast jedes Grab und bleibt mit zwei bis drei Schnitten im Jahr flach.
Verschiedene Sorten sind im Angebot, die sich durch die Größe des Laubes unterscheiden. Neu für Urnengräber ist 'Cooper' mit kompaktem Wuchs und sehr kleinen Blättern.
Bei Zwergmispeln ist beim Kauf darauf zu achten, dass die Triebe der Pflanze nicht zu stark verholzt sind – nur dann lassen sich die Triebe nach dem Pflanzen gleichmäßig über dem Grab ausbreiten und mit **Drahtnadeln** befestigen. Nach wenigen Wochen bilden sich hier neue Wurzeln, die dafür sorgen, dass sich die grüne Decke schnell schließt. Abgesehen vom Schnitt braucht die Zwergmispel keine besondere Pflege.

Efeu ◑–● G ✂

Der Efeu *(Hedera helix)* gehört zu den Klassikern auf dem Friedhof, die Kletterpflanze wird seit Urzeiten auf Gräbern verwendet. Efeu ist ein Gewächs des Schattens und Halbschattens, in der Sonne wird er sich nie wohlfühlen.
Wer sich für Efeu als Bodendecker entscheidet, sollte sich von Fachleuten beraten lassen – Hunderte von Sorten stehen von Efeu zur Verfügung, nicht alle eignen sich für eine dauerhafte Grabbepflanzung. So brauchen zum Beispiel Sorten mit weiß-grünem oder gelb-grünem Laub mehr Licht als die rein grünen Varianten – im Schatten würde das schöne Farbspiel schnell wieder verschwinden. Hinzu kommt, dass diese bunten Varianten recht frostempfindlich sein können.
Die Triebe des Efeu werden nach dem Pflanzen am besten mit **Nadeln** am Boden befestigt. Als **Kletterpflanze** versucht der Efeu natürlich, mit der Zeit auch das Grabzeichen zu erobern. Das kann ein durchaus schöner Effekt sein, bildet doch so der Bodendecker eigenständig die Verbindung zum Grabzeichen.
In der Pflege ist der Efeu anspruchslos, der Schnitt kann sich auf das Einkürzen von zu langen Trieben beschränken. Der Klettermaxe ist absolut winterhart, eine Abdeckung braucht er auch nicht.

Efeu, von dem es sehr viele Sorten gibt, ist der Klassiker für Gräber im Halbschatten.

Buchsbaum ○–◑–● G ✂

Der Buchsbaum *(Buxus sempervirens)* ist die Modepflanze auf dem Friedhof schlechthin. Er lässt sich nicht nur gut in Form schneiden, sondern macht auch als Bodendecker auf dem Grab eine gute Figur.
Wie bei Efeu sind nicht alle Sorten des Buchsbaums für die Grabbepflanzung geeignet – hier ist ebenfalls fachliche Beratung gefragt. Neben den rein grünen Varianten steht mit 'Blauer Heinz' zum Beispiel eine Sorte mit grün-bläulichem Laub zur Verfügung, die in Kombination mit einem passenden Stein sehr wirkungsvoll sein kann.
Was den Standort angeht, ist der Buchsbaum ein Alleskön-

Buchsbaum ist in den letzten Jahren zur Trendpflanze unter den Bodendecker avanciert.

Spindelsträucher lassen sich durch Schnitt gut in Form halten und sorgen mit buntem Laub für Farbe.

ner, der mit jeder Lage zurecht kommt. Nur auf schweren Böden sollte man seinen Einsatz überlegen, da der Buchsbaum hier frostempfindlicher wird. **Mehrfacher Schnitt** im Jahr zwischen Juni und August hält den langsam wachsenden Buchsbaum in Form. Wichtig beim ersten Schnitt im Juni ist, dabei nicht zu tief zu schneiden, da sonst die empfindlicheren Pflanzenpartien in der kräftigen Sonne verbrennen können. Die braunen Blattränder wachsen im Laufe des Sommers wieder heraus, sehen jedoch nicht schön aus. Ab September sollte der Buchsbaum nicht mehr geschnitten werden, da sonst die jungen Triebe sehr frostempfindlich sind.

Der Buchsbaum mit seinen kleinen Blättern passt auch auf kleine Gräber. Er wird sehr alt und gehört zu den besonders ausdauernden Bodendeckern. Abgesehen vom Schnitt ist er pflegeleicht.

Schneeglöckchen, Traubenhyazinthen, Krokus oder Mini-Narzissen eignen sich zum Auswildern im Bodendecker. Einfach im Herbst die Zwiebelchen zwischen die Gehölze pflanzen, dabei sehen kleine Tuffs am besten aus. Im Laufe der Jahre breiten sich die Zwiebeln immer weiter aus.

Spindelstrauch ○–◑–● G

Der Spindelstrauch *(Euonymus japonicus)* ist ähnlich anspruchslos wie der Buchsbaum, wenn es um den Standort geht. Das kleine Gehölz kommt in der Sonne ebenso zurecht wie im Halbschatten oder Schatten.

Der Spindelstrauch wächst langsam. Wenn man ihn gewähren lässt, beginnt er am Grabzeichen empor zu klettern. Um eine gute Verzweigung und die gewünschte dichte Pflanzendecke zu erreichen, muss der Spindelstrauch zweimal im Jahr geschnitten werden.

Vier **Sorten**, die über verschieden farbiges Laub, aber die gleichen Standortansprüche verfügen, machen den Spindelstrauch als Bodendecker so beliebt: 'Emerald Gold' hat Laub mit gelbem Rand, das von 'Emerald Gaiety' hat einen weißen Rand, 'Blondie' hat Laub mit einer gelben Mitte und 'Minima' besitzt rein grünes, kleines

Der gelb-grüne Kriechwacholder eignet sich vor allem für große Gräber, Schnitt hält ihn flach.

Teppichbeeren sind eine Alternative für sauere Böden, in anderen Lagen bereiten sie gerne Probleme.

Laub. 'Minima' bietet sich mit 15 cm Höhe besonders für kleinere Gräber an. Alle Sorten können miteinander kombiniert werden und sorgen für besondere Effekte bei der Gestaltung. Abgesehen vom Schnitt verlangt der Spindelstrauch wenig Pflege, in sehr trockenen Sommer sollte er gegossen werden, da er ständige Trockenheit nicht gut verträgt.

Immergrüne Heckenkirsche

○–◐–● G ✂

Mit der Immergrünen Heckenkirsche *(Lonicera nitida)* steht ein Gehölz als Bodendecker zu Verfügung, das vor allem für größere Gräber geeignet ist. Die Heckenkirsche bildet bei regelmäßigem Schnitt einen schönen grünen Teppich von rund 15 bis 20 cm Höhe.

Die Heckenkirsche ist sehr robust, leichte Frostschäden wachsen sich schnell wieder aus. Auch in der Pflege ist sie anspruchslos, zwei Schnitte pro Jahr sind jedoch erforderlich, um sie nicht zu hoch werden zu lassen.

Kriech-Wacholder ○–◐ G ✂

Der Kriech-Wacholder *(Juniperus horizontalis)* hat sich als einziges **Nadelgehölz** als Bodendecker durchgesetzt. Mit gelbgrünen und blaugrünen Varianten setzt der Kriech-Wacholder farbige Akzente auf dem Grab. Er ist nur für große Gräber geeignet, für kleine ist er selbst bei zweimaligem Schnitt zu groß.
Als Standort sind Sonne oder Halbschatten die besten Plätze. Auf schweren Böden kann es Probleme mit der Winterhärte geben. Bei der Pflege ist der Kriech-Wacholder anspruchslos, zwei Schnitte pro Jahr reichen aus, um ihn flach und eben zu bekommen.

Teppichbeere ○–◐ G ✂

Die Teppichbeere *(Gaultheria procumbens)* bietet sich auf sonnigen bis halbschattigen Standorten mit sauren Böden an. Sie ist ein Erikengewächs und gedeiht nur auf entsprechenden Böden ohne Probleme. Mit einer Höhe von rund 15 cm und dem leicht rötlich geränderten Laub ist sie jedoch eine attraktive Erscheinung.

Kiefer ○ G ✂

Auf Friedhöfen mit sandigen und durchlässigen Böden ist die Kiefer *(Pinus sylvestris)* gelegentlich zu sehen. Zwergformen, die langsam wachsen und zudem durch das Einkürzen der weichen Triebspitzen im Frühsommer im Zaum gehalten werden, können schöne dichte Teppiche in Grau-grün bilden.

auf einen blick

- Die Dauerbepflanzung besteht aus der Rahmenbepflanzung und aus dem Bodendecker.
- Gehölze beherrschen die Rahmenbepflanzung, bei Stauden sollten Immergrüne gewählt werden.
- Stauden und Gehölze stehen als Bodendecker zur Wahl.
- Fachleute fragen, um die richtigen Sorten zu finden.

1937–1996

Wissenswertes

Die Satzung jedes Friedhofs enthält viele Angaben, deren Befolgung sich auf die Gestaltung eines Grabes auswirken. Obwohl das Recht auf dem Friedhof kompliziert ist, sollten Angehörige die Grundzüge kennen.

Friedhofs-Satzung

Die Satzung eines Friedhofs ist mit einer strengen Hausordnung zu vergleichen. In der Satzung sind zum Beispiel

- die Kosten für ein Grab,
- die Nutzungsdauer,
- die Gestaltung auf bestimmten Feldern oder
- die Zeiten für Beerdigungen beschrieben.

Manch einem, der sich mit der Satzung näher beschäftigt, kommt die Satzung trocken und stark reglementierend vor. Grund dafür ist die Würde des Ortes Friedhof, die gewahrt werden soll. Friedhöfe sind Gedenkstätten, auf denen viele verschiedene Menschen die Möglichkeit haben sollen, ungestört zu trauern und die Gräber ihrer Angehörigen zu pflegen. Um dies allen zu ermöglichen, müssen bestimmte Dinge ausgeschlossen oder vorgeschrieben werden, damit sich niemand von zum Beispiel einem grellbunten Grabzeichen gestört fühlt.

Die Friedhofsordnung

Einen kleinen Auszug aus der Friedhofssatzung kennt jeder Besucher – die Friedhofsordnung hängt an jedem Eingang. In ihr sind die **Öffnungszeiten** des Friedhofs ebenso festgelegt wie die **Verbote**.

In Deutschland herrscht zum Beispiel in der Regel ein **Hundeverbot** auf Friedhöfen. Das ist für viele Menschen, die ihren besten Freund gerne mit auf den Friedhof nehmen möchten, natürlich unverständlich. Nicht jeder führt jedoch seinen Hund an der Leine und achtet darauf, dass die Hinterlassenschaften des Tieres ordnungsgemäß entfernt werden. Ein Hundehaufen auf einem Grab wäre nicht nur für pflegende Angehörige und Friedhofsgärtner eine Zumutung – er entspricht einfach nicht der Würde des Ortes. Das Verbot von Hunden genießen viele Menschen, die Angst vor den Tieren haben. Sie sind es, die

Ziel der Satzung ist es, Harmonie in den Grabfeldern zu schaffen und dafür zu sorgen, dass kein Angehöriger durch zum Beispiel große Bauten in seiner Trauer gestört wird.

◀ Die Friedhofssatzung gibt vor, ob zum Beispiel grababdeckende Platten oder nur die klassischen Grabsteine für die Gestaltung der Gräber auf dem Friedhof erlaubt sind.

die großen Parkfriedhöfe als Orte der Ruhe und Erholung verstehen und sie entsprechend nutzen.

Radfahren und entsprechende **Freizeitaktivitäten** sind auf Friedhöfen in der Regel ebenfalls untersagt. Auch das Befahren mit **Autos** – Ausnahme: gewerbliche Anbieter wie Friedhofsgärtner und Steinmetzen – ist auf Friedhöfen in der Regel verboten.

Grabzeichen aus glänzenden Metallen sind oft verboten – doch mit guter Gestaltung bildet dieses Zeichen ein harmonisches Grab.

Die Nutzungsdauer

Die Nutzungsdauer beschreibt die Zeit von der Beerdigung bis zur Aufhebung eines Grabes. Nach dieser Zeitspanne sollen Sarg und Leichnam vollständig zersetzt sein. Die Zersetzung ist von der Bodenart auf dem jeweiligen Friedhof abhängig, entsprechend unterschiedlich sind die Nutzungsdauern. 15 bis 20 Jahre sind durchaus üblich, Abweichungen nach oben oder unten ebenfalls möglich. Bei Wahlgräbern lässt sich die Nutzungsdauer nach Ablauf verlängern, Reihengräber bieten diese Möglichkeit nicht.

Die Gestaltungsvorschriften

Jede Friedhofssatzung enthält Gestaltungsvorschriften. In der Regel gibt es auf großen Friedhöfen heute Felder mit besonders strengen Vorschriften und andere, auf denen die Vorschriften mehr Möglichkeiten lassen. Wer den Kauf eines Grabes überlegt, sollte sich in der Satzung besonders mit den **Gestaltungsvorschriften** befassen. Nur so kann verhindert werden, dass zum Beispiel der Feldstein, der als Grabzeichen gewünscht wird, auf dem gewählten Feld nicht zugelassen ist.

In den Gestaltungsvorschriften ist neben dem **Maß für die Gräber** auch festgelegt, ob zum Beispiel eine **Einfassung** des Grabes mit einer Steinkante oder das Abdecken mit einer Platte erlaubt ist.

Weitere Vorschriften auf Feldern mit strengen Einschränkungen können das Verbot von zum Beispiel Goldschriften auf dem Grabzeichen sein. Auf Feldern mit strengen Gestaltungsvorschriften ist in der Regel die Größe der Grabzeichen vorgeschrieben. Sinn dieser Reglementierung ist es, Grabfeldern ein harmonisches Bild zu verleihen, das der Würde des Friedhofs entsprechen soll.

Bei den **Grabzeichen** gibt es immer wieder Probleme und Streit zwischen der Friedhofsverwaltung, die die Satzung herausgibt, und den Angehörigen. Grabzeichen aus Glas oder mit Glas sind in Deutschland in aller Regel verboten, Gleiches gilt oft für Zeichen aus glänzenden Metallen wie zum Beispiel Edelstahl. Bevor ein Grabzeichen aufgestellt werden darf, muss es in aller Regel von der Friedhofsverwaltung oder Gemeinde genehmigt werden. Bei der Auswahl des Zeichens ist es deshalb sinnvoll, einen Steinmetzen zu fragen, der vor Ort arbeitet.

Er kennt in aller Regel die Beschränkungen und kann weiterhelfen.

Die Gebührenordnung

Ein weiterer Teil der Satzung ist die Gebührenordnung. In ihr ist der Preis für die Gräber bei entsprechender Laufzeit festgelegt, aber auch der Preis für die Beisetzung oder das Entgelt für das Nutzen der Friedhofskappelle.
Die Gebühren für die Nutzung des Friedhofs und seiner baulichen Anlagen müssen heute in aller Regel die gesamten Kosten für die Unterhaltung und Pflege eines Friedhofs decken. Weniger Beisetzungen und mehr namenlose Bestattungen erhöhen die Kosten für den einzelnen Nutzer – schließlich werden so die anfallenden Kosten durch immer weniger Gräber geteilt und die Nutzungsgebühren entsprechend höher.
Gegen die Gebühren, die der Friedhofsträger in Rechnung stellt, kann innerhalb von vier Wochen, wie gegen allen anderen Bescheide der Verwaltung, Einspruch erhoben werden.
Wer sich die Satzung vor Auswahl eines Grabes genau durchliest und sich informiert, kann sich viel Ärger ersparen.

Pflicht zur Pflege

Wer einen Grabnutzungsvertrag abschließt, wie der Kauf eines Grabes für eine bestimmte Zeit in der Satzung genannt wird, übernimmt die Pflicht zur Pflege. Dabei ist es denn Angehörigen frei gestellt, das Grab selbst zu pflegen oder diese Arbeit in die Hände von Fachleuten wie die Friedhofsgärtner zu legen. Das Grab soll immer würdig und gepflegt aussehen. Wildkraut, das hoch aufschießt und dann seine Samen auf die Nachbargräber verteilt, erfüllt diesen Anspruch ebenso wenig, wie das Verwenden von hohen Bäumen bei der Grabbepflanzung, die die Nachbargräber ebenfalls in Mitleidenschaft ziehen können. Wird ein Grab nicht mehr gepflegt, mahnt die Friedhofsverwaltung die Pflege an. Nach Ablauf einer Wartezeit wird ein ungepflegtes Grab dann abgeräumt und eingeebnet.

Geldbußen?

Bei eindeutigen Verstößen gegen die Friedhofssatzung kann es wie in jedem anderen Bereich der Verwaltung Geldbußen geben. Das Befahren von Friedhöfen mit Autos ist ebenso ein Verstoß gegen die Satzung wie das Verteilen von Werbung auf dem Gottesacker oder das Anbieten von gewerblicher Dienstleistung ohne Zulassung.

Das Grab ist gepflegt, doch die Fichte ist zu groß – sie muss gefällt werden, um die Satzung einzuhalten.

Das Recht

Wie für alle anderen Bereiche des Lebens gibt es auch für den Friedhof ein spezielles Recht. Einerseits gilt es besonders, die Würde des Ortes zu achten und Rücksicht auf die Trauernden zu nehmen, andererseits müssen

Neben den Angehörigen dürfen zugelassene Friedhofsgärtner Gräber anlegen und pflegen.

bestimmte Sachverhalte im Sinne aller Nutzer auch von der rechtlichen Seite her geklärt sein.

Streitfall Nutzungsrecht

Rechtsstreitigkeiten gibt es immer zum Thema »Nutzungsrecht«. Mit dem Kauf eines Grabes erwerben Angehörige das Recht, das Grab für eine bestimmte Zeit zu nutzen – doch sie können dieses Recht bei einem Familiengrab nicht vererben. Um Streitigkeiten vorzubeugen ist es deshalb wichtig, bereits beim Kauf einen Nachfolger für das Nutzungsrecht eintragen zu lassen.

Auch wenn immer vom »Kauf« eines Grabes gesprochen wird, überlässt der Friedhofsträger den Angehörigen die Fläche doch nur leihweise für die Nutzung. Dinge, die auf dem Grab stehen, wie zum Beispiel das Grabzeichen oder die Pflanzen, gehören rechtlich gesehen den Angehörigen. Teilt die Verwaltung das Ablaufen der Ruhezeit und damit der Nutzungszeit mit, können Grabzeichen und Pflanzen vom Grab entfernt werden. In der Regel hat man für diese Arbeit mehrere Monate Zeit. Werden Pflanzen, Grabzeichen und Zubehör nicht entfernt, räumt sie die Verwaltung ab.

Das Wahlrecht

Selbst wenn es in einem Ort mehrere Friedhöfe gibt, haben Angehörige in der Regel kein Wahlrecht. Oft sind die Friedhöfe bestimmten Stadtbezirken zugeteilt. Argumente wie leichtere Erreichbarkeit für die älteren Angehörigen können im Gespräch bei der zuständigen Verwaltung jedoch für eine gewisse Wahlmöglichkeit sorgen. Wer einer Kirche angehört, hat in Städten darüber hinaus oft die Wahl zwischen den städtischen Gottesäckern und dem seiner Kirchengemeinde.

Gibt es einen Urnen-Zwang?

Jeder Mensch hat das Recht auf eine »ehrliche Bestattung« und ein »ehrliches Grab« – das ist hierzulande gesetzlich festgelegt. Ebenfalls ist festgelegt, dass Städte für ihre Einwohner einen Platz zumindest in Form eines Reihengrabes auf dem Friedhof vorhalten müssen. Kein Mensch kann zu einer Einäscherung und damit zu einer Urnenbestattung gezwungen werden. Sprechen zum Beispiel Glaubensgründe gegen die Einäscherung, muss der Friedhofsträger ein Erdgrab bereit stellen. Ach Sozialhilfeempfänger haben das Recht auf ein »ehrliches Grab« und eine entsprechende Bestattung – die »anonyme«, also namenlose Beisetzung entspricht diesem Recht nach den neuesten Urteilen übrigens nicht.

Wer darf auf dem Friedhof arbeiten?

Auf dem Friedhof dürfen selbstverständlich Angehörige und Freunde ein Grab pflegen. Doch wer diese Dienstleistung gewerblich, also als Beruf anbietet, braucht vom entsprechenden Friedhofsträger eine Zulassung.

Der Grund hierfür ist einfach: Von zum Beispiel einem nicht fachgerecht gesetzten Grabzeichen geht eine große Gefahr für Angehörige und Besucher des Friedhofs aus.
Mit der Zulassung von Friedhofsgärtnern und Steinmetzen soll die Qualität der Arbeiten auf dem Friedhof gewährleistet werden. Gleichzeitig müssen die Fachleute mit der Würde des Ortes umgehen und ihre Arbeiten entsprechend ausführen können.

Schnecken haben die Gräber schon lange als einfach zu erreichende Futterquellen entdeckt.

Pflanzenschutz und Düngung

Der beste Pflanzenschutz ist immer noch die Auswahl der Pflanzen unter Beachtung ihrer Wünsche an Standort und Boden. Der Befall mit Krankheiten oder Schädlingen wird bei Pflanzen wie bei uns Menschen immer dann geschehen, wenn die körpereigene Abwehr nicht intakt ist. Auch Pflanzen haben natürliche Abwehrmechanismen gegen Krankheiten und Schädlinge – ätherische Öle, die viele Kräuter enthalten, sind so ein Mechanismus. Steht zum Beispiel der Lavendel an einem schattigen Standort mit nassem Boden, hilft ihm die beste natürliche Abwehr nichts. Die Pflanze wird vor sich hin kümmern, das Laub verlieren und schließlich eingehen.
Zu den Sensibelchen unter den Pflanzen auf dem Grab gehören Rosen, Rhododendron und andere Moorbeetpflanzen. Alle haben sehr spezielle Ansprüche an den Standort und an den Boden. Werden die nicht erfüllt, sind Probleme vorprogrammiert. Großflächige **Pflanzenschutzmaßnahmen** machen auf dem Grab keinen Sinn – dafür ist schon seine Fläche zu klein. Neben der Auswahl der passenden Pflanzen ist beim Kauf auf moderne Sorten zu achten, die oft schon von Haus aus Resistenzen gegen Krankheiten und Schädlinge mitbringen. Der beste Pflanzenschutz auf dem Friedhof ist und bleibt die Vorbeugung.

Gesunde Pflanzen sind wüchsig und stehen während der Wachstumsperiode »voll im Saft«. Bei Gehölzen erreicht man durch regelmäßigen Schnitt eine Verjüngung, die die Pflanzen fit, vital und gesund hält.

Echter Mehltau an Rosen ist oft eine Folge von zu schattigem Standort auf dem Grab.

Mit dazu gehört die **richtige Ernährung** der Pflanzen. Für Bodendecker und Rahmenbepflanzung reicht eine Gabe mit einem Volldünger Ende März oder Anfang April, wenn die Pflanzen mit dem Wachstum beginnen. Wird zu früh gedüngt, nehmen die Pflanzen die Nährstoffe nicht auf und der Dünger wird vom Regen in den Boden ausgewaschen. Zu späte Düngung kann bei immergrünen Pflanzen wie zum Beispiel dem Buchsbaum zu Frostschäden führen, weil die Triebe vor dem Winter nicht genug ausreifen können. Alle Pflanzen auf dem Grab sollten zurückhaltend gedüngt werden, um zu starkes Wachstum zu vermeiden.

Frostschäden an der Zwerg-Mispel sind Folgen eines harten Winters, die jedoch wieder auswachsen.

Dauergrabpflege

Für alle Angehörigen, die ein Grab nicht selbst pflegen können – weil sie zum Beispiel weit weg wohnen – bieten Friedhofsgärtner die Dienstleistung der Dauergrabpflege an. Dauergrabpflege ist eine seit mehr als 50 Jahren bewährte Institution.

So funktioniert die Dauergrabpflege

- Ein Grab wird für mindestens fünf Jahre in Pflege gegeben.
- In der Regel orientiert sich die Dauer des Vertrages an der Ruhezeit, 20 Jahre und mehr sind keine Ausnahme.
- Der Vertrag, und das bildet die sichere Grundlage der Dauergrabpflege, wird nicht mit dem Friedhofsgärtner, sondern mit einer Genossenschaft oder Treuhandstelle für Dauergrabpflege abgeschlossen.
- Der Friedhofsgärtner vor Ort ist dabei der Ansprechpartner für die Angehörigen, er kalkuliert das Angebot mit den gewünschten Leistungen und gibt diese Kostenaufstellung weiter. Die zuständige Genossenschaft oder Treuhandstelle prüft den Vertrag und schickt dann den Angehörigen die Rechnung.
- Nach der einmaligen Zahlung des Geldes für die Pflege des Grabes wird die Summe treuhänderisch verwaltet und in sicheren Anlagen angelegt. Mit den erwirtschafteten Zinsen werden Preissteigerungen ausgeglichen oder Sonderleistungen bei der Grabpflege wie zum Beispiel eine zusätzliche Saison-Bepflanzung erbracht.

Die Genossenschaft oder Treuhandstelle kontrolliert den Friedhofsgärtner bei der Ausführung. Sollte eine Gärtnerei, aus welchen Gründen auch immer, eine Leistung der Dauergrabpflege nicht mehr ausführen können, sucht die Genossenschaft oder Treuhandstelle nach einem anderen Unternehmen, das die Leistungen erbringt und damit den Vertrag über eine lange Zeit erfüllt.
Sicherheit und Kontrolle sind die Vorteile der Dauergrabpflege, die viele Angehörigen schätzen gelernt haben. In einem Dauergrabpflegevertrag können alle gewünschten Leistungen, von der einfachen Pflege des Grabes über die Saisonbepflanzung bis hin zu speziellen Dekorationswünschen zu Todestagen und Geburtstagen vereinbart werden. Bei lang laufenden Verträgen gehört natürlich auch

Ein sorgfältig gepflegtes Grab über Jahrzehnte gewährleistet die Dienstleistung der Dauergrabpflege allen, die selbst nicht mehr pflegen können oder wollen.

die Neuanlage des Grabes oder das Beseitigen von Senkschäden zum Vertragsumfang.
Ein Dauergrabpflegevertrag kann auch als **Vorsorgevertrag zu Lebzeiten** abgeschlossen werden – da hierbei nach der Einzahlung der vereinbarten Summe noch keine Leistungen für die Pflege erbracht werden, aber jährlich Zinsen auflaufen, ist der Vorsorgevertrag rein rechnerisch besonders interessant.
Eine weitere Variante ist das **Vermächtnis**, das im Testament zugunsten einer Genossenschaft oder Treuhandstelle abgeschlossen wird.
Noch recht neu auf dem Markt ist eine **Dauergrabpflege-Versicherung**, bei der die Summe im Laufe von Jahren in kleineren Beträgen eingezahlt wird. Beim Tod des Versicherungsnehmers wird die Versicherungssumme dann an die Genossenschaft oder Treuhandstelle für die Dauergrabpflege überwiesen. Mehr Informationen dazu gibt es in Friedhofsgärtnereien. Vorsorgeverträge gibt es mittlerweile auch für die Beerdigung.

Jahrespflege oder Dauergrabpflege?

Häufig werden Jahrespflege und Dauergrabpflege miteinander verwechselt. Bei der Jahrespflege schließt man jedoch einen Vertrag mit einem Friedhofsgärtner ab und zahlt in der Regel ein- oder zwei Mal pro Jahr eine Rechnung für Pflege und Bepflanzung des Grabes. Der Vertragsabschluss mit einer Genossenschaft oder Treuhandstelle sowie die einmalige Zahlung der vereinbarten Summe sind die Kennzeichen eines Dauergrabpflegevertrages. Wer sich dafür noch nicht entscheiden möchte, kann mit einem Jahrespflegevertrag die Leistung des Friedhofsgärtners testen und sich später für eine Dauergrabpflege entscheiden. Auch bei einem Jahrespflegevertrag sind natürlich individuelle Vereinbarungen wie zum Beispiel bestimmte Blumen für die Saison oder das Dekorieren des Grabes zum Todestag oder Geburtstag möglich.

auf einen blick

- Gestaltungsvorschriften aus der Friedhofssatzung beeinflussen die Anlage des Grabes erheblich.
- Gräber dürfen von Angehörigen und Freunden gepflegt werden.
- Die richtige Pflanzenauswahl macht Pflanzenschutz überflüssig.
- Dauergrabpflege ist ein Angebot für alle Angehörigen, die ein Grab selbst nicht mehr pflegen können oder wollen.

Adressen und Literatur

Kontakte in Deutschland:

Aeternitas e.V.
Im Wiesengrund 57
53639 Königswinter
Tel.: 02 28/81 00 244
Fax: 02 28/81 00 265
eMail:
friedhofsgaertner@g-net.de
Web: www.aeternitas.de
Verbraucherinitiative, Bestattungskultur, Informationen zu Satzungen und Gebühren

Arbeitsgemeinschaft Friedhofsgärtner-Genossenschaften und Treuhandstellen
Godesberger Alle 142–148
53175 Bonn
Tel.: 02 28 / 8 10 02 56
Fax: 02 28 / 8 10 01 48
eMail:
zvg-bonn.trawinski@g-net.de
Web: www.grabpflege.de
Informationen zur Dauergrabpflege, Kontakt zur zuständigen Genossenschaft oder Treuhandstelle

Kontakt in Österreich:

Bundesverband der Erwerbsgärtner Österreichs
Draschestraße 13–19
A-1232 Wien-Inzersdorf
Tel.: +43–1–61025–14–23
Fax: +43–1–61025–21
eMail: office@gartenbau.or.at
Web: www.gartenbau.or.at

Kontakte in der Schweiz:

Verband Schweizerischer Gärtnermeister
Forchstraße 287
CH-8029 Zürich
Tel.: 01–388–53–00
Fax: 01–388–53–40
eMail: info@gplus.ch
Web: www.gplus.ch

PRO LUMINATE (Dauergrabpflegestiftung des Verbandes Schweizerischer Gärtnermeister)
Postfach 432
Forchstr. 287
8029 Zürich
Tel.: 01–388–53–33
Fax: 01–388–53–40
eMail: proluminate@gplus.ch

Eine kleine Auswahl zum Weiterlesen:

Gräber, Mumien und Gelehrte – auf Spurensuche mit Archäologen
Paul G. Bahn (Herausgeber), Orbis Verlag 2002
ISBN 3-572-01362-3

Tod im Rheinland – Betrachtungen rund um Sterben und Tod
Rainer Pause,
Martin Stankowski,
Kiepenheuer & Witsch 1995
ISBN 3-462-02473-6

Stauden- und Gehölze in der Grabgestaltung
Lüder Nobbmann, Ulmer 2003
ISBN 3-8001-3236-2

Erinnerung an das Leben – Kinder entwerfen Grabmale
Ernst Strassacker KG (Herausgeber), NWWP 2002
ISNB 3-9808485-0-7

Symbolik der Pflanzen – Symbolgehalt von 100 Pflanzen, illustriert mit Aquarellen von Maria-Theresia Tietmeyer
Marianne Beuchert
Insel Verlag 2004
ISNB 3-458-34694-5

Stichwortverzeichnis

Fette Ziffern kennzeichnen Hauptverweise

Bildnachweis:

Borstell: 15, 16, 19m, 37or, 40, 41o, 45, 46u, 48o, 55, 64, 73, 80o
Bross-Burkhardt: 4o, 4u, 5, 9u, 13, 14ol, 14u, 28, 32, 34o, 34u, 36, 37u, 38o, 39o, 39u, 44, 47u, 49, 51, 56u, 57, 63o, 67, 72o, 76o, 76u, 78r, 81o, 82o, 83, 87
Henseler: 89u, 90
James: 11o, 11u, 12, 14or, 21, 23, 26, 30, 31, 42u, 47o, 50, 56o, 72u, 74, 77l, 77r, 78l, 79o, 86, 88
Kleiner: 19u, 33u
Pforr: 54, 58u, 60ul, 66r, 69u, 75o, 80u
Redeleit: 1
Reinhard: 2/3, 6, 10, 19o, 20, 25, 29, 33o, 43, 46o, 48u, 52, 53, 59l, 59r, 60ur, 61, 63u, 64ul, 65o, 68u, 69o, 75u, 79u, 84, 89o
Schüffler-Rohde: 9o, 24, 27, 37ol, 41ul, 41ur, 42o, 58o, 66l, 68o, 71, 82u
Seidl: 60o, 62
Wagner: 8, 35
Wawra: 7, 18, 22, 38u, 65ur, 70, 81u, 85, 91

Grafiken: Sylvia Bespaluk

Bibliographische Information Der Deutschen Bibliothek
Die Deutsche Bibliothek verzeichnet diese Publikation in der Deutschen Nationalbibliografie; detaillierte bibliografische Daten sind Internet über http://dnb.ddb.de abrufbar.

3., überarbeitete Auflage, Neuausgabe

BLV Buchverlag GmbH & Co. KG
80797 München

Umschlaggestaltung:
fuchs_design, Riemerling

Umschlagfotos: Redeleit (Vorderseite), Wawra (Rückseite links), Borstell (Rückseite rechts)

Layoutkonzept Innenteil:
Studio Schübel, München

Lektoratsleitung: Wilhelm Eisenreich
Lektorat: Eva Ott
Herstellung: Hannelore Diehl

Layout und DTP: Anton Walter und DTP-Design Walter, Gundelfingen

Gedruckt auf chlorfrei gebleichtem Papier

Printed in Germany ·
ISBN 3-405-16935-6

Gestalten mit Pflanzen und Blumen

Rosa Wolf/Fotos: Ursel Borstell
Gartenpflanzen Praxis-Handbuch
Ein Muss für jeden Gärtner – das Handbuch mit Langzeitnutzen: über 450 Blumen und Gehölze in ausführlichen Porträts, Kombinations- und Gestaltungsbeispiele mit Pflanzplänen für typische Gartenbereiche, Pflegekalender.
ISBN 3-405-16325-0

blv garten plus
Robert Markley
Ziergehölze
Rund 100 Ziergehölze für Vorgärten, Hecken, Heidegärten, Bauerngärten, als Bodendecker, Duftgehölze, Kübelbepflanzung und vieles mehr; Ziergehölze kaufen, pflanzen, schneiden und pflegen.
ISBN 3-405-16001-4

blv garten plus
Dorothée Waechter
Schattenplätze im Garten
Die besten Pflanzen für schattige Plätze: Stauden, Zwiebelblumen, Gräser, Farne, Gehölze; Gestaltungsvorschläge zum Nachmachen, Pflanzung und Pflege.
ISBN 3-405-16887-2

blv garten plus
Herta Simon
Sommerblumen
Sommerblumenbeete planen, Gestaltungsideen und Farbkompositionen, Kombinationen mit anderen Pflanzen, die besten Sommerblumen im Porträt, Verwendungsmöglichkeiten, Anzucht und Vermehrung, Pflanzen und Pflegen, Pflanzenschutz.
ISBN 3-405-16004-9

Iris Jachertz
Die schönsten Gartenblumen
Der Pflanzenberater für Einsteiger: Porträts von über 330 Stauden, Sommer- und Zwiebelblumen, Gräsern und Farnen; Gestaltungsgrundlagen, Kombinationsmöglichkeiten, Pflegepraxis.
ISBN 3-405-16761-2

Kompaktwissen
Josef Sieber
BLV Rosenpraxis
Das Praxiswissen rund um die Rose – kompakt und kompetent: alle Rosenklassen, bewährte Sorten, Verwendung im Garten, Kombination mit anderen Pflanzen; Praxis: Einkauf, Pflanzen, Pflegen, Düngen, Schnitt, Winterschutz; Pflanzenschutz, Pflegefehler vermeiden.
ISBN 3-405-16507-5

Im BLV Buchverlag finden Sie Bücher zu den Themen: Garten und Zimmerpflanzen • Natur • Heimtiere • Jagd und Angeln • Pferde und Reiten • Sport und Fitness • Wandern und Alpinismus • Essen und Trinken

Ausführliche Informationen erhalten Sie bei:
BLV Buchverlag GmbH & Co. KG
Postfach 40 02 20 • 80702 München
Telefon 089/12705-0 • Fax -543 • www.blv.de